KUNST

mit Lana

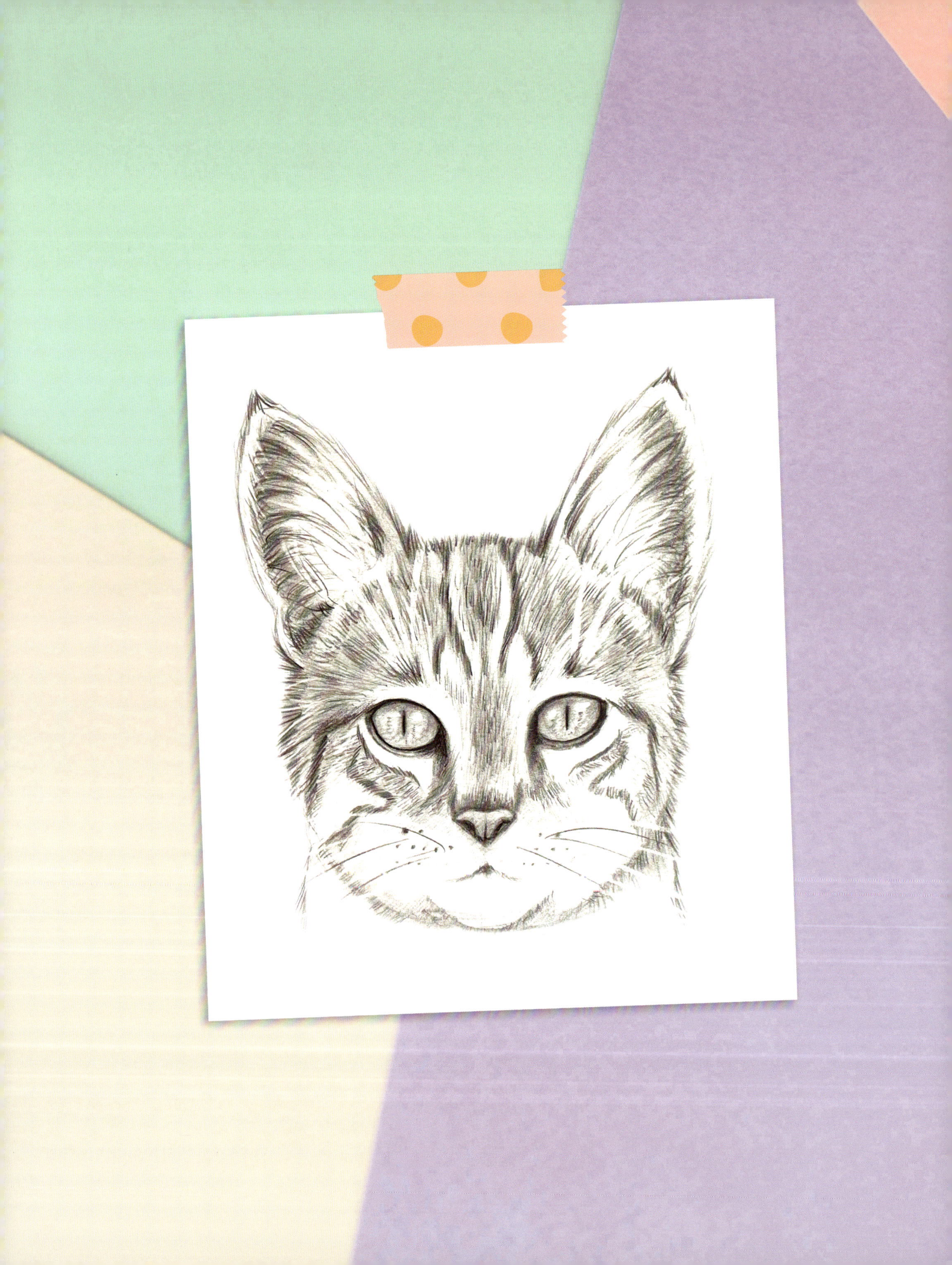

LANAARTS23

KUNST mit Lana

ZEICHNEN MIT DEM TIKTOK-STAR

EMF

EIN BUCH DER
EDITION MICHAEL FISCHER

20 MOTIVE STEP BY STEP

TUTORIALS, TIPPS UND MEHR

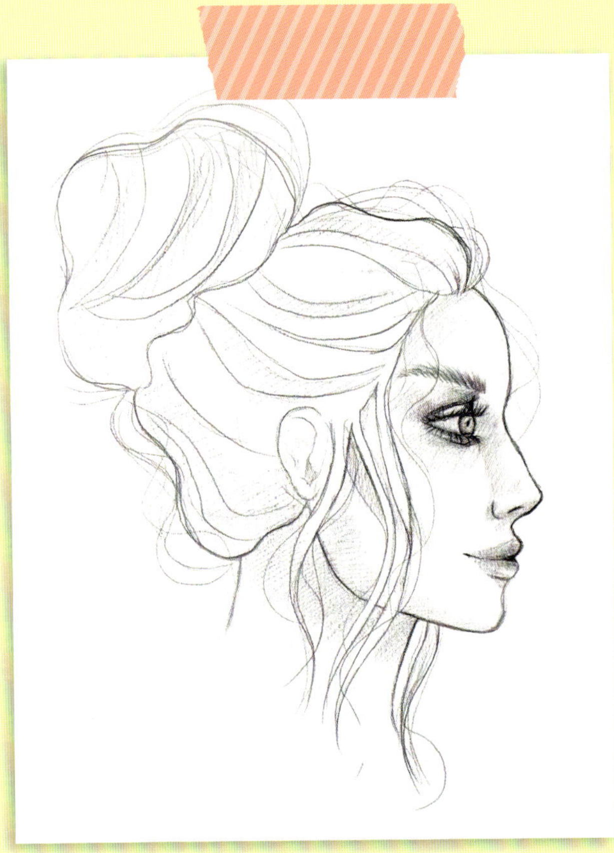

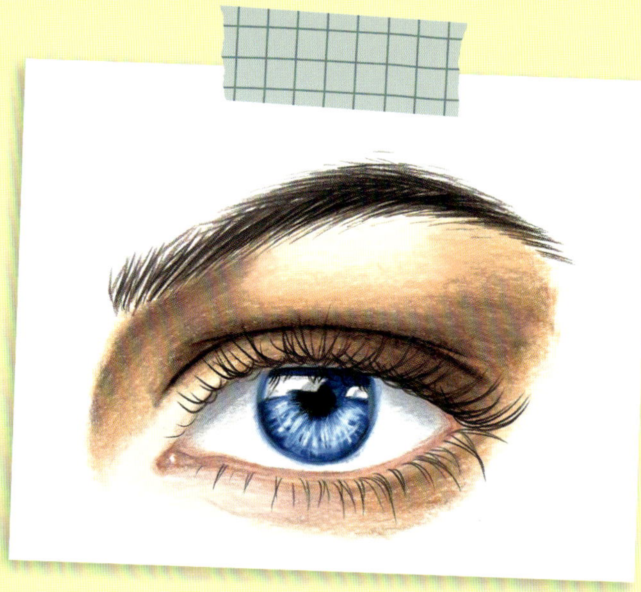

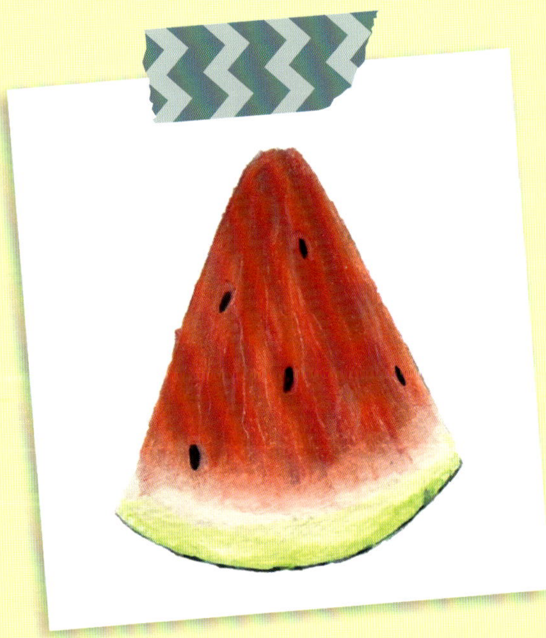

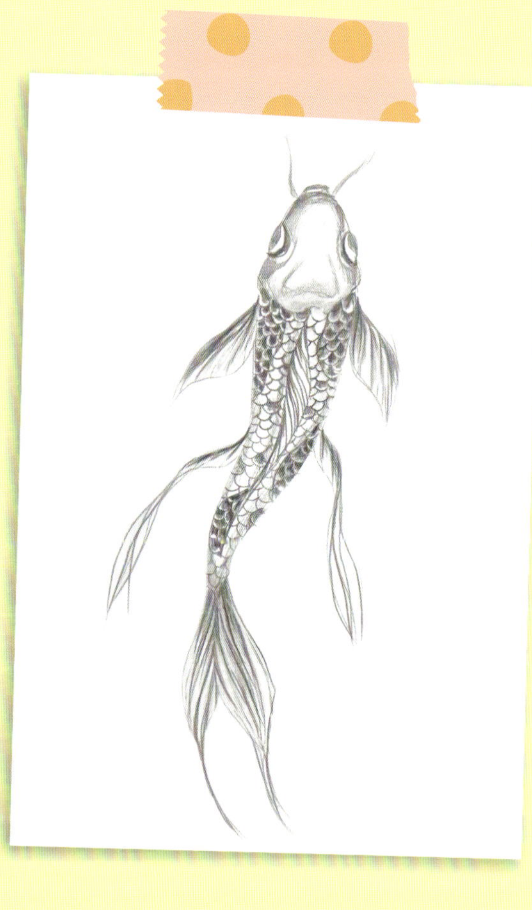

Inhalt

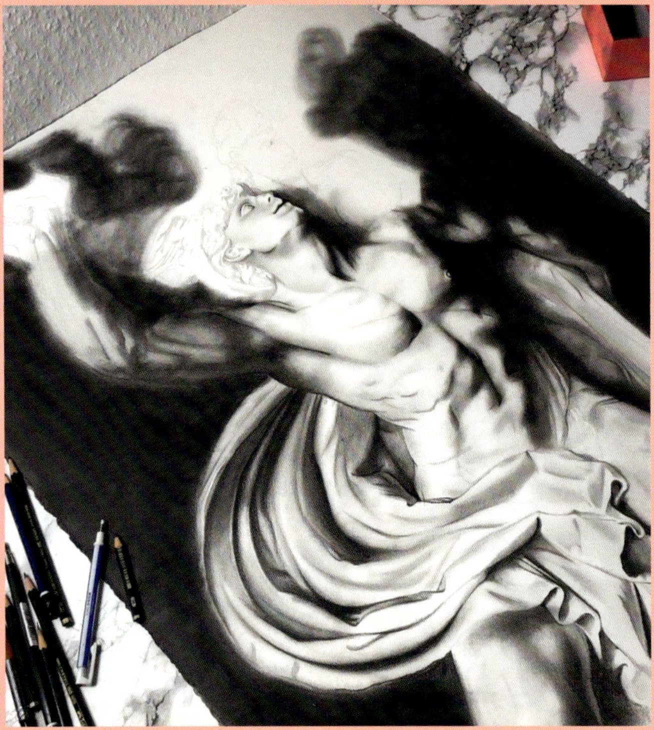

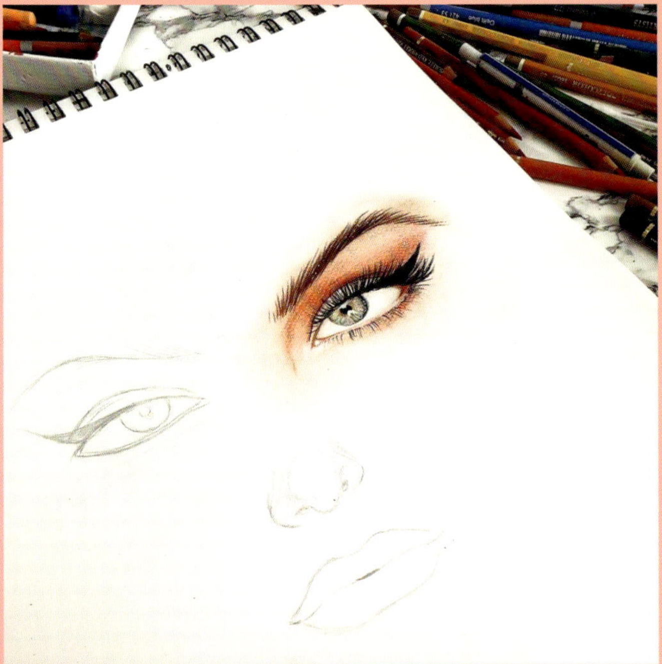

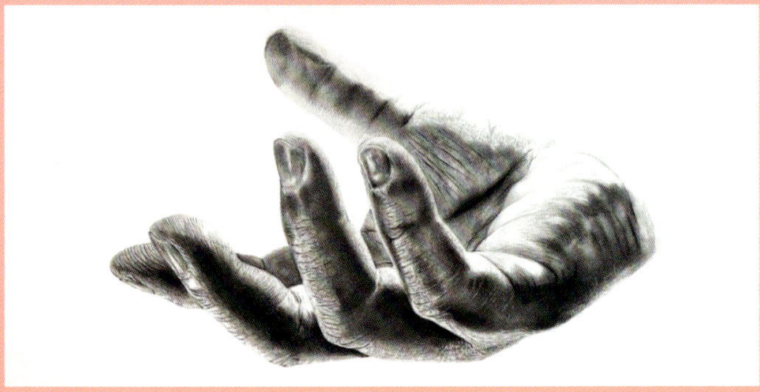

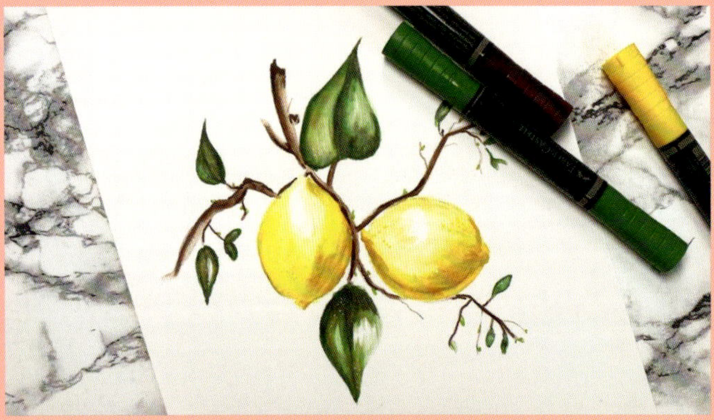

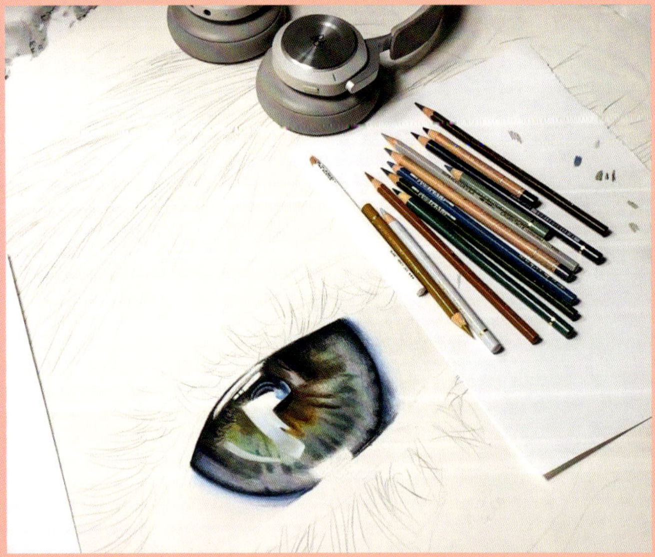

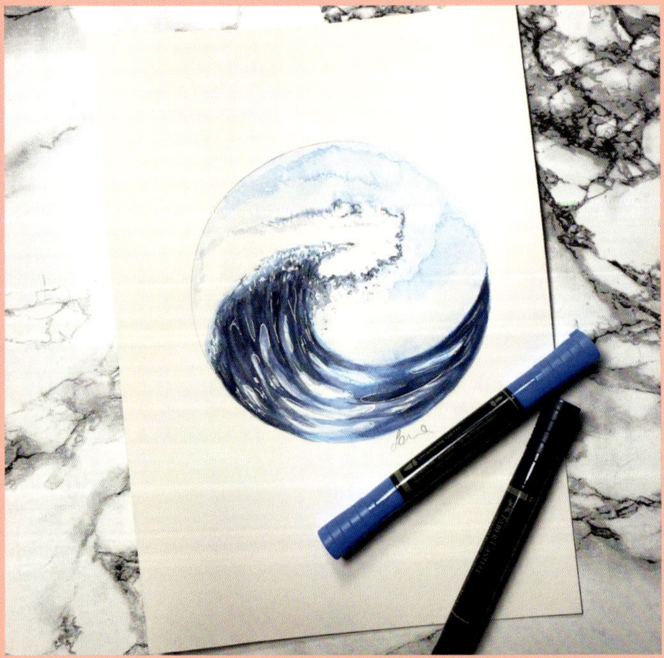

Vorwort

Vielen Dank, dass du dich für dieses Buch entschieden hast! Ich hoffe, es kann dich auf deinem kreativen Weg begleiten und dir hilfreich sein.

Alles, was du in diesem Buch liest, habe ich mir über jahrelanges Üben selbst beigebracht, und die Erfahrungen, die ich dabei gesammelt habe, möchte ich in diesem Buch mit dir teilen!

Ich selbst habe viel beim Schreiben dazu gelernt. ☺

Viel Spaß beim Zeichnen und, ganz wichtig:
Bleib dran und übe immer ganz viel!

Deine *Lana*

BEVOR DU STARTEST:

Alles, was Du brauchst!

Dein Arbeitsplatz

Um gut und gemütlich für mehrere Stunden arbeiten zu können, ist es wichtig, dass du deinen Arbeitsplatz möglichst komfortabel für dich persönlich einrichtest. Ein bequemer Stuhl und ein Tisch, auf dem du genug Platz für alle deine Materialien und natürlich dein Bild hast, sind sehr wichtig.

Materialien, die du oft benutzt, liegen praktischerweise auf deinem Tisch, also: Radiergummis, Anspitzer, Bleistift und Papier. Dinge, die ich auf jeden Fall noch beim Zeichnen brauche, sind Musik oder ein spannendes Hörbuch. Ich empfehle dir hier Kopfhörer mit ANC (Aktive Geräuschunterdrückung), damit du so wenig wie möglich von deiner Umgebung mitbekommst. Das hilft mir total, mich zu konzentrieren. Manchmal lasse ich auch eine Serie nebenbei laufen. Ein Bild kann mehrere Stunden oder Tage in Anspruch nehmen, da ist es wichtig, dass man sich bei der Arbeit nicht langweilt.

Du kannst dir natürlich etwas aussuchen, das dir beim Entspannen hilft und womit du dich am besten auf deine Zeichnung fokussieren kannst. Außerdem sind auch kleine Naschereien erlaubt, aber Vorsicht: Bloß keine Flecken auf deinem Bild hinterlassen. Auch wenn ich unglaublich gerne Chips beim Zeichnen essen würde, ist es die falsche Wahl,

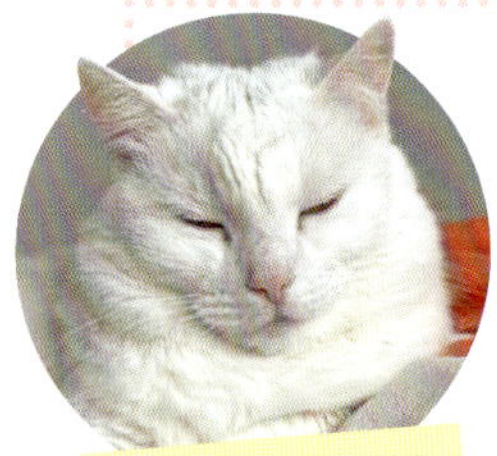

MOLLYS TIPP

Ich empfehle dir Kopfhörer mit ANC (Active Noise Cancelling), so ist es dir möglich, alle Hintergrund Geräusche auszublenden und dich zu konzentrieren!

da Fettflecken auf dem Bild entstehen können. Etwas, was die ganze Sache noch gemütlicher macht, sind Kerzen. Eine Duftkerze im Glas mit deinem Lieblingsduft sorgt für Entspannung.

Dein Arbeitsplatz ist nicht nur der Tisch, an dem du zeichnest. Es ist auch wichtig, dass du deine Materialien übersichtlich aufbewahrst und einfachen Zugriff auf diese hast. Eine gewisse Ordnung, die für dich gut ist, wird sich mit der Zeit von alleine einstellen, da du irgendwann merkst, was du am meisten und liebsten benutzt und was eher

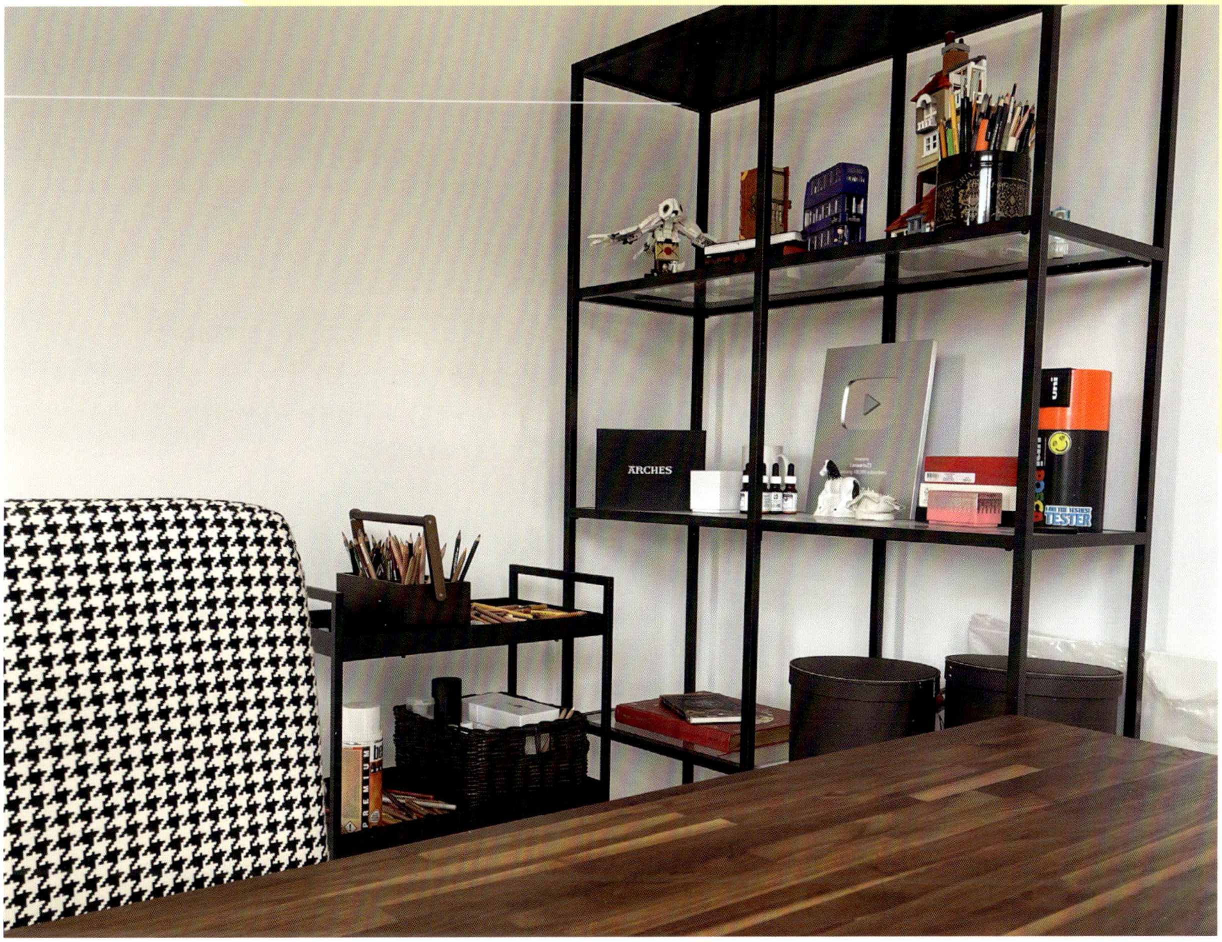

seltener in deiner Arbeit zum Einsatz kommt. Auch Licht spielt eine wichtige Rolle beim Zeichnen. Für mich ist eine Tageslichtlampe die beste Lösung, um die Farben gut abstimmen zu können. Zu dunkles oder gelbes Licht kann die Farbwahrnehmung täuschen. Wenn du abends mit wenig Licht zeichnest, könnte es sein, dass dein Bild am nächsten Morgen anders aussieht, als du beabsichtigt hast. Wenn du in einem Raum zeichnest, in dem die Sonne scheint, dann nutze das Sonnenlicht zum Zeichnen. Die Sonne sollte allerdings nicht auf deinen Tisch scheinen.

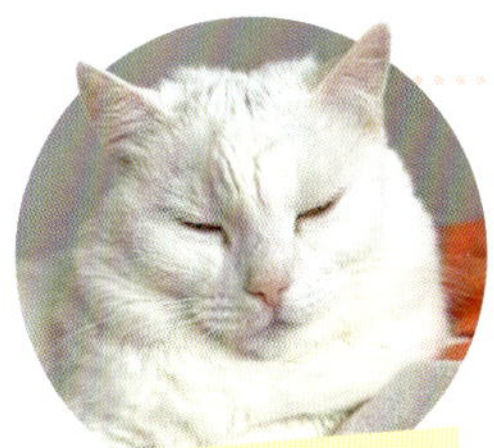

MOLLYS TIPP

Stelle deinen Schreibtisch nicht unmittelbar in die Sonne!

Stell dir mal vor, du arbeitest seit Tagen an einem Bild und lässt es auf deinem Tisch in der Sonne liegen. Deine Farben würden verblassen und nicht mehr so kraftvoll sein. Also merke dir: Deine Bilder solltest du nie in der Sonne liegen lassen.

Papier

Das richtige Papier zu finden hat bei mir Jahre gedauert. Das erspare ich dir gerne! Aber die schiere Anzahl an Papiersorten machen es uns nicht gerade leicht, das richtige Papier zu finden. Was gibt es überhaupt für unterschiedliche Papier-Sorten, die zum Zeichnen geeignet sind?

Folgende Papiere möchte ich dir nun gerne näher vorstellen und meine Erfahrungen damit beschreiben.

Zeichenpapier: Wird auch als Zeichenkarton bezeichnet. Die Oberfläche kannst du je nach deiner Vorliebe wählen. Es gibt Zeichenkarton mit rauer Oberfläche (eignet sich eher für Skizzen und grobe Zeichnungen) und welchen mit glatter Oberfläche (für feine und glatte Zeichnungen). Meine Skizzenbücher (die ich kaum benutze 😅) sind meistens aus Zeichenpapier.

Fotokarton: Diese Papierart gibt es in vielen verschiedenen Farben. Dieses Papier ist etwas schwierig, nur bedingt radierbar und kaum lichtecht, dafür aber sehr günstig. Die Oberfläche ist leicht strukturiert oder glatt. Dieses Papier benutze ich sehr sehr ungern, die Oberfläche und das Gefühl vom Stift auf Papier lassen einiges zu wünschen übrig. Ich würde dieses Papier eher für Bastelarbeiten empfehlen.

Tonpapier: Dieses Papier gibt es in verschiedenen Tönen wie zum Beispiel Toned Tan oder Toned Gray. Das Toned Tan Papier hat eine glatte bis leicht strukturierte Oberfläche und eignet sich super für Buntstifte, da man mit einem weißen Buntstift sehr schöne Effekte und Highlights setzen kann. SchwarzWeiß-Zeichnungen sehen auf dem Toned Gray Papier besonders schön aus.

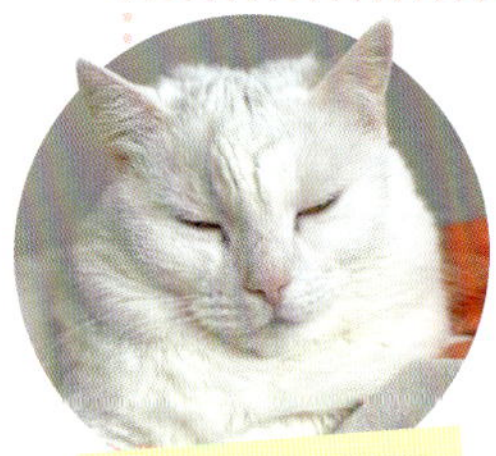

MOLLYS TIPP

Um das richtige Papier für dich zu finden kannst du dich ruhig durch die verschiedenen Papierarten durchprobieren!

Ich habe nicht damit gerechnet, dass Papier einen so großen Unterschied macht. Aber deine Unterlage ist deine Basis und somit das A und O. Bei der richtigen Papierfindung kommt es auf deine Vorlieben und deine Maltechnik an.

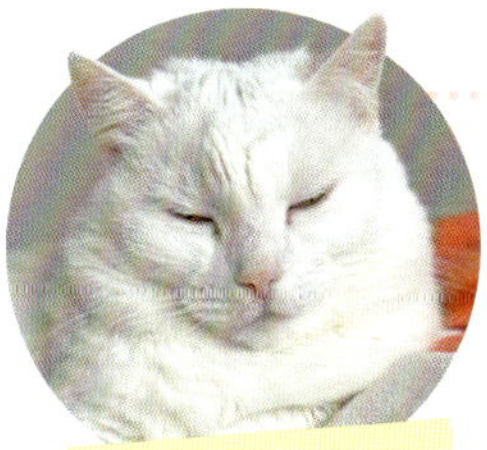

MOLLYS TIPP

Fasse die Oberfläche des Papiers an. Wenn dir die Struktur gefällt, probiere das Papier mal aus!

Ich benutze gerne Aquarellpapier für meine **Buntstiftzeichnungen**. Benutzt du auch gerne Buntstifte, empfehle ich dir Papier aus 100 % Baumwolle, welches eine satinierte Oberfläche hat. Baumwollpapier ist für seine Reinheit und Strapazierfähigkeit bekannt. Außerdem ist es sehr altersbeständig, somit hast du länger was von deinem Kunstwerk. Achte bei Papier für Buntstiftzeichnungen darauf, dass das Papier nicht so glatt ist, dass es schon glänzt. Auf solchem Papier kannst du schlecht Farbe aufeinanderschichten oder verblenden. Das Papier sollte auch nicht zu grob sein, denn sonst kommst du nicht in die „Poren" mit deinen Stiften und kriegst die Flächen einfach nicht glatt.

Ich benutze genau dasselbe Papier auch für meine **Bleistiftzeichnungen**. Du kannst aber auch Bristol nehmen für Bleistift. Als Bristol bezeichnet man Papier, das aus mehrlagigen Bögen zusammengeklebt worden ist. Hier gibt es zwei Varianten: glatt und Vellum. Glatte Oberflächen eignen sich am besten für Feder, Tinte, Airbrush und Marker. Vellum dagegen für Grafit, Kohle, Pastell und Wachs.

Wenn du mit **Aquarellfarben** malst, stößt du bei deiner Papiersuche irgendwann auf die Begriffe hot pressed und cold pressed:

- **Hot pressed Papier** hat eine glatte, wenig strukturierte Oberfläche (mein Favorit für alle meine Zeichnungen).

- **Cold pressed** hat eine matte, strukturierte oder auch raue Oberfläche.

Man stößt auch immer wieder auf eine Grammangabe auf Blöcken; dies ist die Blattstärke und wird immer pro Quadratmeter gemessen also g/qm. Man kann sie auch **Blattstärke** nennen. Für deine Zeichnungen solltest du ein Papier mit einer stärkeren Grammatur wählen, da du dann nicht durch das Papier durchdrücken und es so kaputt machen könntest.

Probiere dich ruhig durch die Papiersorten durch und guck, was du am liebsten magst und was sich für dich am besten eignet.

PAPIERSORTEN

... die ich gerne benutze:

- *Arches hot pressed satiniert 300 g/qm naturweiß (absoluter Favorit)*
- *Strathmore Toned Tan*
- *Zeichenblöcke für kleinere Skizzen und Zeichnungen von der Marke Lana (ich hab nichts damit zu tun 😁)*

Stifte

Jetzt, da wir mit dem langweiligen Thema Papier durch sind, kommen wir zu etwas Spannenderem: Stifte!

BLEISTIFTE

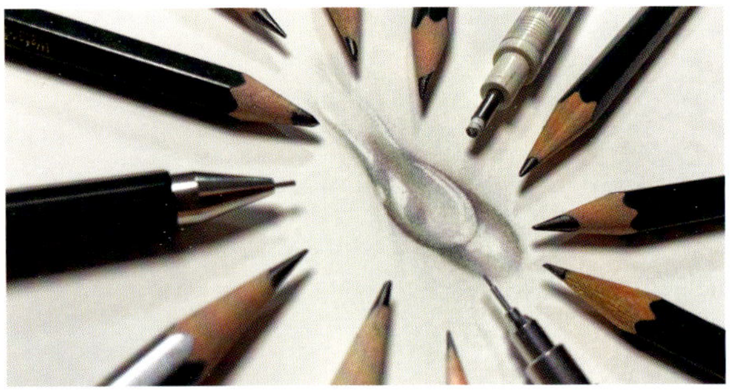

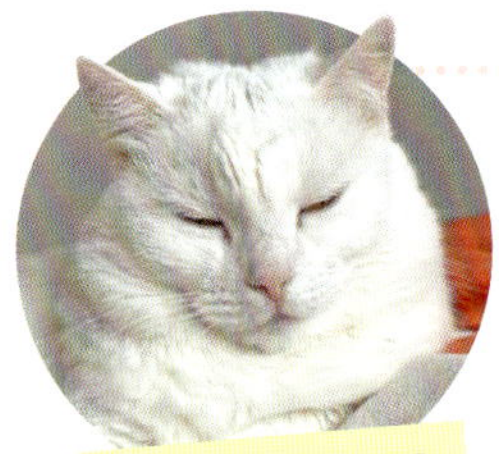

MOLLYS TIPP

Benutze weiche Bleistifte für dunklere Stellen und harte Bleistifte für helle Stellen in deiner Zeichnung!

Fangen wir mal mit der Skizze deiner Zeichnung an. Dafür benutzt du höchstwahrscheinlich Bleistifte. Bei Bleistiften gibt es, wie du sicher schon weißt, verschiedene Stärken, die du an den Buchstaben und Nummern am hinteren Ende des Stiftes sehen kannst. Es gibt die Buchstaben H, B, HB und F. Das H steht für Hard (deutsch: hart), das B für Black (deutsch: schwarz) und F steht für Firm (deutsch: fest). Es gibt außerdem verschiedene Zahlen. Jetzt setzen wir das zusammen: Wenn du einen Bleistift hast, auf dem 2H steht, bedeutet das, dass dein Stift eher hart und hell ist. Also: Umso höher die Zahl vor dem H, desto härter und heller ist der Stift. Bei B Bleistiften ist es genau andersherum: Umso höher die Zahl vor dem B, desto weicher und dunkler ist der Stift.

Bleistifte, die etwas härter sind, eignen sich besser für Skizzen, da sie radierbarer sind, wogegen sich weichere Bleistifte für Schatten und dunkle Stellen besser eignen.

Außerdem gibt es noch mechanische Druckbleistifte, die sich mit eigenen Minen nachfüllen lassen.

Ich benutze sehr gerne Druckbleistifte, da sie total praktisch sind: Sie müssen nicht angespitzt werden und haben meistens einen Radiergummi oben in der Kappe. Außerdem sind sie perfekt für unterwegs und es gibt sie in verschiedenen Minenstärken. Die Minenstärke ist die Breite der Mine, die du in den Druckbleistift schiebst. Nicht zu verwechseln mit der Stärke der Mine, die zwischen B und HB variiert.

BUNTSTIFTE

Natürlich gibt es neben Bleistiften auch haufenweise andere Stiftarten. Ob Marker, Fineliner, Acrylstifte, Aquarellmarker oder Buntstifte. Ich zeichne am allerliebsten mit Buntstiften. Mit Buntstiften hab ich ein viel sichereres Gefühl auf dem Papier und hab mehr Kontrolle darüber, wo ich wie viel Farbe haben möchte. Wer schon mal mit Aquarell gemalt hat, weiß bestimmt, wie schwierig es ist mit nassen Farben Kontrolle ausüben zu können, man muss sich eher etwas auf den Zufall verlassen können, aber ich als kleine Perfektionistin (nur wenn es um meine Zeichnungen geht 😄) bevorzuge die Sicherheit und die Einfachheit von Buntstiften.

Kommen wir zu den verschiedenen Buntstiftarten:

Dazu muss man erst mal wissen, dass Buntstiftminen aus Farbpigmenten, Fetten, Wachsen, Bindemitteln und Füllstoffen bestehen. Je nachdem, wie die Zusammensetzung dieser „Zutaten" ist (also z. B. wie viel Wachs, wie viel Fett), kann man die Mine in der Herstellung weich oder eher hart produzieren.

Es gibt Buntstifte, deren Minen butterweich sind und sich auf dem Papier wie Wachsmalstifte vermischen lassen. Hier spricht man von Buntstiften auf **Wachsbasis**. Ist in der Mine jedoch mehr Öl enthalten, so erhält man eine etwas härtere Mine. Diese Stifte sind dann auf **Ölbasis** und eignen sich besser dazu, detaillierte Bilder mit feinen Linien zu zeichnen. Dann hätte man noch Aquarellstifte, welche sich mit Wasser vermischen lassen, da sie auf **Wasserbasis** sind.

Buntstifte sind auch in den meisten Fällen mit Holz ummantelt. Auch hier ist es wichtig, was man für ein Holz hat, da sich das Holz gut anspitzen lassen muss, nicht splittern sollte und die Mine vor Brüchen schützen sollte (gibt nichts schlimmeres als ein Stift mit kaputter Mine 😣). Es gibt verschiedene Holzarten, die in Frage kommen, zum Beispiel Linde, Pappel, oder Zeder. Letzteres finde ich am besten, da sich ein Stift aus hochwertigem Zedernholz angenehm anspitzen lässt.

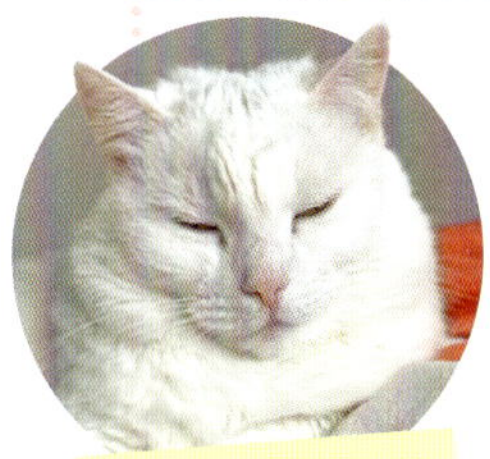

MOLLYS TIPP

Je nachdem, was man bevorzugt und womit man am liebsten zeichnet, kann man sich seine Lieblingsstifte aussuchen. Ich mache das immer so, dass ich eine Mischung aus beiden Stiftarten benutze. Zum Beispiel benutze ich gerne Stifte auf Wachsbasis für Portraits oder Pflanzen. Man kann sie auch sehr gut benutzen, um eine Fläche zu grundieren. Wenn ich ein Bild zeichne, in dem viel Fell oder Haare gezeichnet werden müssen (oder allgemein viele kleine Details), greife ich zu den Stiften auf Ölbasis. Dieser kleine Mix macht es möglich, das Beste aus beiden Welten zu nutzen.

Lichtbeständigkeit

Lichtbeständigkeit oder Lichtechtheit bezeichnet die Langlebigkeit der Pigmente in einer Farbe unter Lichteinfluss. Gerade in der Sonne sterben Pigmente und lassen die Farbe so verblassen. Hat man nun also einen Stift mit einer hohen Lichtbeständigkeit, bleiben die Farben unter Licht und Sonnenlicht länger kräftig und verblassen nicht so schnell.

Meistens haben Stifte, die lichtecht sind, eine Kennzeichnung in Form von ein bis drei Sternen oder einer kleinen Sonne.

Es gibt natürlich auch Qualitätsunterschiede zwischen den einzelnen Herstellern und Marken. **Hier mal ein paar Punkte, auf die ich achte beim Buntstifte-Kauf:**

Wie riecht der Stift?

Hier rieche ich an den Stiften und wenn sie nach Holz und Farbe riechen, ist das schon mal ein Pluspunkt! Fernhalten sollte man sich von Stiften, die nach Plastik oder Chemie riechen. Meiner Erfahrung nach stinkt da die Qualität.

Welche Außenfarbe haben die Stifte?

Ganz ganz ganz nervig ist es, wenn der Stift von außen nicht dieselbe Farbe hat wie die Mine. Beim Zeichnen gucke ich immer, welche Farben ich benutze, indem ich an der Außenfarbe des Stiftes entscheide. Wenn nun die Farben nicht übereinstimmen, muss man jeden Stift vorher einmal ausprobieren und sich dann merken, welche Farbe der Stift hatte. Anstrengend, oder?

Ist der Stift „gedipt"?

„Gedipt" bedeutet einfach, dass der Stift in der Herstellung mit dem Ende in Lack getaucht wird. Das sorgt dafür, dass die Mine bruchsicherer ist und auch einen kleinen Aufprall aushalten sollte.

Hat der Stift Farbnummern oder Bezeichnungen?

Hat der Stift die falsche Außenfarbe und dann auch noch keine Farbnummer und/oder Farbbezeichnung, wird es echt schwierig. Eine kleine Nummer am Ende des Stiftes würde schon reichen, um sich eine Tabelle mit allen Farben machen zu können um sie besser zuordnen zu können.

Jetzt steht ihr im Laden (oder im Onlineshop wartet der Mauszeiger auf eine Entscheidung), nachdem ihr eure Topstifte gefunden habt, und fragt euch: Wie viele Stifte sind genug? Das 12er-Set? Das 36er-Set? Oder doch der riesige 120er-Kasten? Das müsst ihr leider selbst entscheiden. Nein, Spaß, ich habe ein paar Tipps für euch:

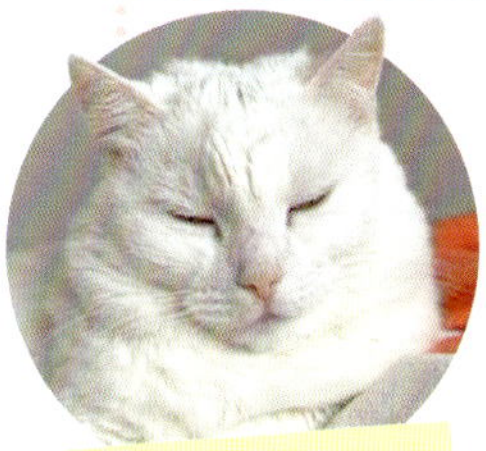

MOLLYS TIPP

Du kannst für die Details in deinen Zeichnungen Buntstifte auf Ölbasis benutzen und für Flächen, die schön ineinander übergehen sollen, Buntstifte auf Wachs-Basis!

Falls ihr die Stifte noch nie benutzt habt, dann holt euch nur ein paar einzelne, die dafür reichen ein Bild zu zeichnen. Also denkt euch am besten schon vorher ein kleines Motiv aus und kauft euch dann die Farben, die ihr dafür braucht. Und wenn euch die Stifte gefallen, könnt ihr euch ein größeres Set holen.

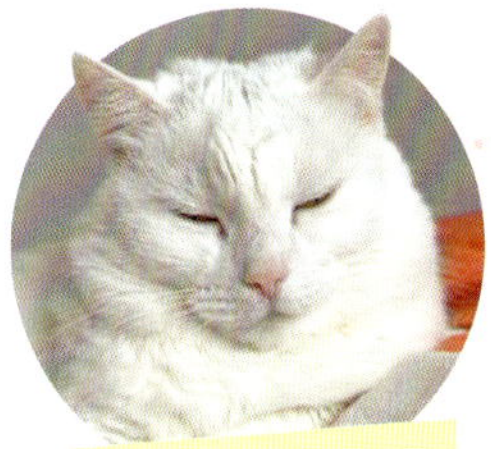

MOLLYS TIPP

Lass deine Zeichnung nie in der Sonne liegen, da die Pigmente sonst flöten gehen!

Für die unter euch, welche die Stifte schon kennen, kann ich nur sagen: Holt euch so viele ihr braucht und wollt. Am besten alle Farben, die es von eurer Lieblingsmarke gibt, denn das Problem mit Buntstiften ist, dass man sich keine eigenen Farben anmischen kann und mit den Stiften, die es auf dem Markt gibt, arbeiten muss. Natürlich kann man Buntstifte bis zu einem bestimmten Grad mischen, aber ganz neue Farben kreieren wie mit Öl-Farben oder Acryl geht leider nicht. Also ist es von Vorteil, so viele Farben wie möglich zu haben. Natürlich kann man auch mit wenig Farben superschöne Bilder zeichnen. Aber da ich versuche möglichst realistisch zu zeichnen, komme ich nicht drum herum viele Farben zu benutzen, um die Farben auf meiner Vorlage zu treffen.

BUNTSTIFTE

... die ich gerne benutze:

- *Faber-Castell Polychromos*
- *Caran D'Ache Luminance und Supracolor*
- *Prismacolor*
- *Derwent Lightfast*

Wie hält man einen Stift?

OK. Ihr habt euch eure Stifte gekauft, habt das richtige Papier und wollt jetzt loslegen. Und dann stößt ihr auf ein Problem, das ihr bestimmt aus eurem ersten Besuch in einem China-Restaurant kennt: Wie hält man die Stäbchen? Das habe ich bis heute noch nicht herausgefunden, aber wie man einen Stift hält, kann ich euch sagen.

Die Haltung des Stiftes muss für euch möglichst bequem sein. Kein Verkrampfen oder dolles Zudrücken ist nötig. Ich nehme den Stift immer zwischen Zeigefinger, Mittelfinger und Daumen (ich musste selbst erst mal einen Stift in die Hand nehmen, um das hier schreiben zu können). Auf der Abbildung auf Seite 20 könnt ihr es erkennen. Der Stift sollte auf dem ersten Fingerglied des Mittelfingers aufliegen. Das Ende vom Stift liegt auf dem letzten Fingerglied des Zeigefingers und der Daumen hält alles fest. Das sollte sich ganz natürlich anfühlen. Drücke nicht doll auf oder spanne die Finger an. Deine Fingerkuppen sollten nicht weiß werden! Du kannst auch, je nachdem, was du gerade an deinem Bild zeichnest, die Haltung ändern. Zum Beispiel halte ich den Stift weiter vorne fest, wenn ich an kleinen Details arbeite, und wenn ich an großen Flächen arbeite, halte ich den Stift weiter hinten und ganz locker (diese Handstellung ist auch perfekt zum Schraffieren!).

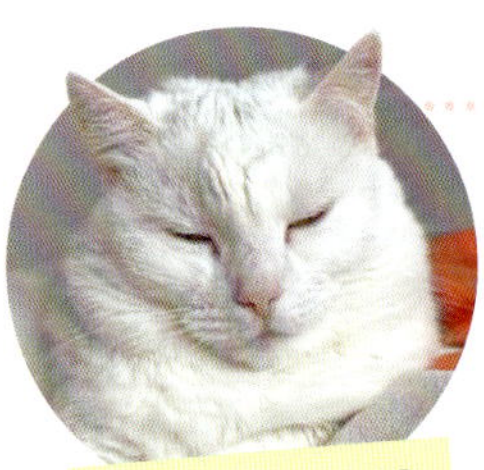

MOLLYS TIPP

Für Details den Stift weiter vorne halten und für große Flächen hältst du ihn ein Stück weiter hinten!

WIE SCHRAFFIERT MAN?

Um schraffieren zu können, muss man erst mal wissen, was eine Schraffur überhaupt ist. Beim Schraffieren zeichnet man eine Fläche mit ganz vielen Linien, die mit kleinen Abständen parallel zueinander gezeichnet werden, aus. In der Abbildung seht ihr, was ich damit meine. Diese Technik wird verwendet, weil es viel einfacher ist, mit einem gut angespitzten Bleistift feine Linien zu zeichnen, statt die Fläche auszumalen. Man ist viel schneller und effizienter. Ich benutze diese Technik für schnelle Zeichnungen oder wenn ich Lust habe, zu zeichnen, aber keine Lust habe, 6 Stunden am Stück zu zeichnen.

Und wie schraffiert man jetzt? Fasse den Stift ganz entspannt weiter hinten und halte ihn schräg. Mache einfach mal ein paar Lockerungsübungen: Kreise, Linien und Schleifen. Wenn sich deine Hand locker anfühlt und du nicht verkrampft bist, kannst du loslegen. Ziehe einfach aus dem Handgelenk viele parallele Linien ganz locker easy. Es ist absolut wichtig, dass du locker bleibst, denn dann sind deine Linien auch locker! Aber jetzt nicht nervös werden, weil ich so oft sage, locker bleiben. Ich hör ja schon auf. Also, weiter geht's: Versuche möglichst einen gleich großen Abstand zwischen den Linien zu haben, damit deine Zeichnung auch einheitlich aussieht. Und je nachdem, ob du die Fläche heller oder dunkler haben willst, variierst du den Abstand zwischen den Linien und den Druck auf dem Stift. Willst du also eine helle Fläche, machst du helle Linien mit größerem Abstand und bei einer dunklen Stelle machst du dunklere Linien mit kleinem Abstand. Wenn es dir schwerfällt, gleichmäßige Linien zu ziehen, kannst du auch mit der einen Hand monoton zeichnen und mit der anderen Hand das Blatt langsam wegziehen.

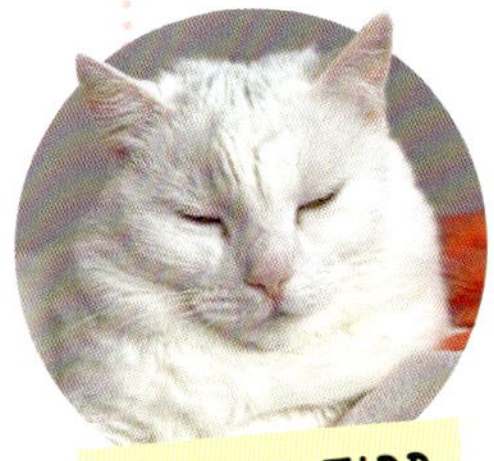

MOLLYS TIPP

Schraffieren kann man auch super gut mit Finelinern. Dafür brauchst du einfach ein paar Fineliner in verschiedenen Stärken.

ARTEN VON SCHRAFFUREN

Es gibt die Parallelschraffur (das ist die, die du eben geübt hast) und die Kreuzschraffur. Bei der Kreuzschraffur legst du einfach noch eine Schraffur in die entgegengesetzte Richtung auf deine bereits vorhandene Schraffur. So hast du eine dunklere Fläche. Wenn du das jetzt mehrmals machst und die Schraffuren übereinanderlegst, wird die Fläche immer dunkler. Also ist die Kreuzschraffur perfekt für die dunkelsten Flächen deiner Zeichnung.

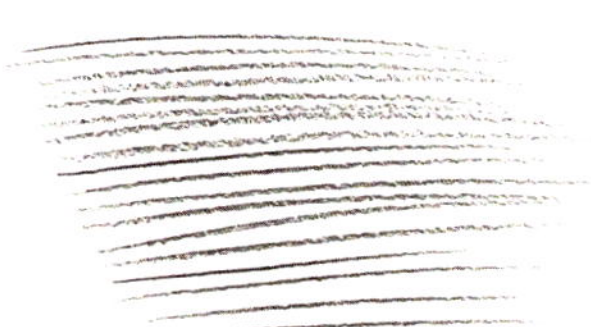

Parallelschraffur

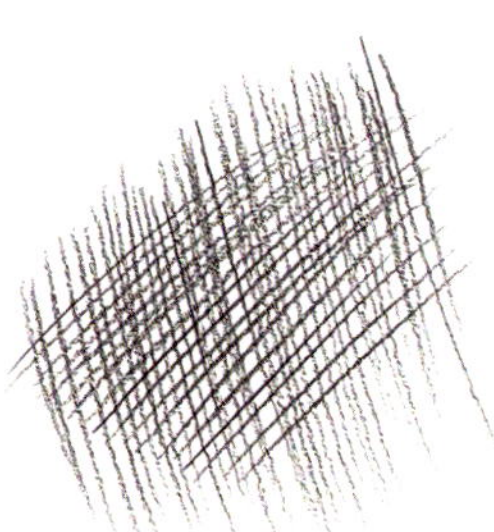

Kreuzschraffur

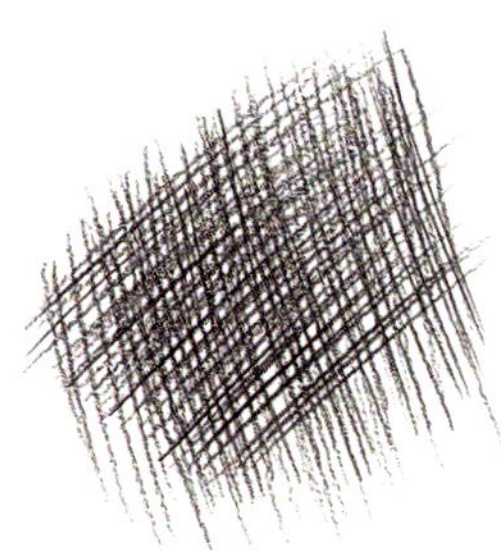

verdichtete Kreuzschraffur

SO SOLLTEST DU DEINEN STIFT NICHT HALTEN:

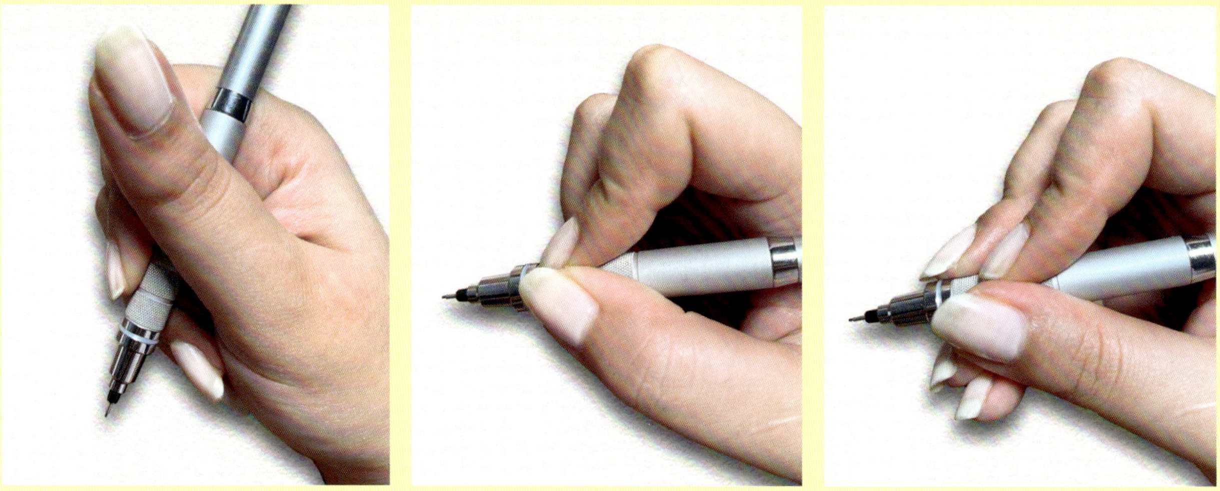

SO HÄLTST DU DEN STIFT RICHTIG:

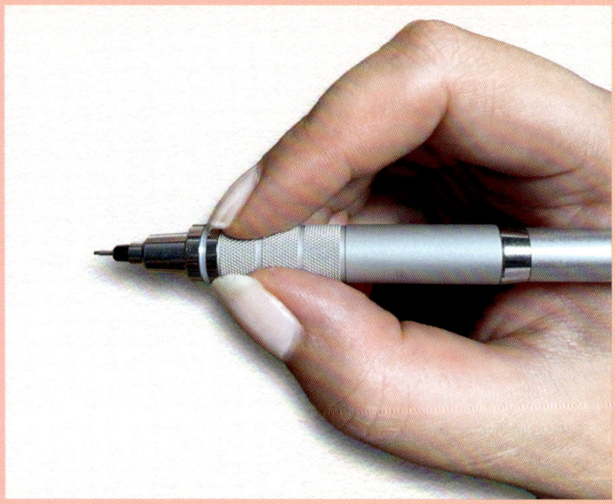

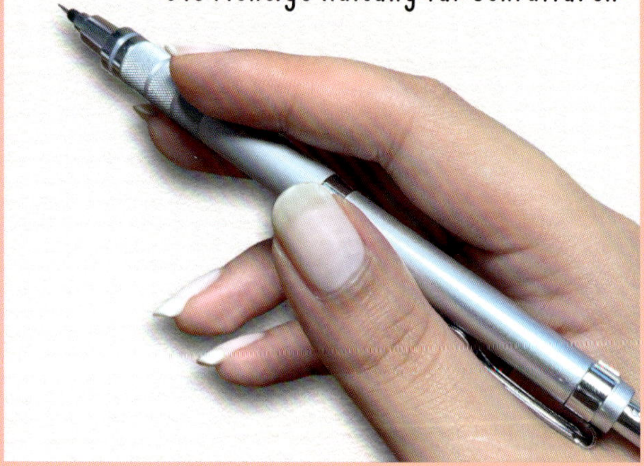

Die richtige Haltung für Schraffuren

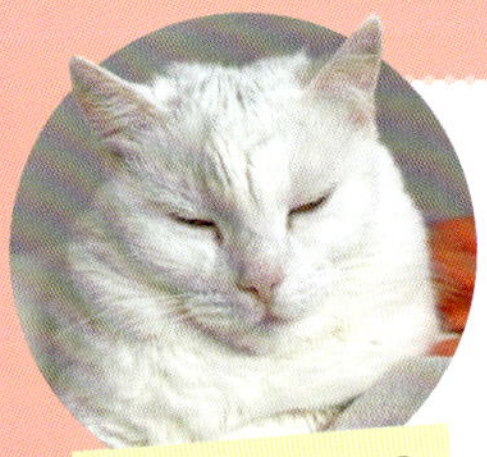

MOLLYS TIPP

Halte den Stift schräg und lass die Linien möglichst locker auf das Papier gleiten: Mit Schwung aus der Hüfte! 😁

Schatten

Damit deine Zeichnung zum Leben erweckt wird, sind Schatten das A und O, wie man so schön sagt. Um ein Objekt dreidimensional darstellen zu können, musst du als Erstes wissen, woher das Licht kommt, denn ohne Licht kein Schatten!

Schatten entstehen da, wo das Licht kaum oder gar nicht hinkommt. Die Stelle, die dem Licht zugewandt ist, ist auch dementsprechend hell und fast komplett ausgeleuchtet. Stellen, die dem Licht abgewandt sind oder wo das Licht von etwas anderem verdeckt wird, sind dementsprechend dunkel. **Umso weniger Licht an eine Stelle kommt, desto dunkler ist die Stelle.**

Beim Zeichnen unterscheidet man zwischen Körperschatten und Schlagschatten.

Der **Körperschatten** oder auch Eigenschatten ist der Schatten, den ein Objekt auf seiner eigenen Oberfläche entstehen lässt. Sie tragen dazu bei, dass deine Zeichnung möglichst dreidimensional aussieht.

Der **Schlagschatten** wird auch Außenschatten genannt und ist der Schatten, den ein Objekt auf den Boden wirft. Mit einem Schlagschatten kann man am besten klarmachen, wo das Licht herkommt und in welchem Winkel es fällt.

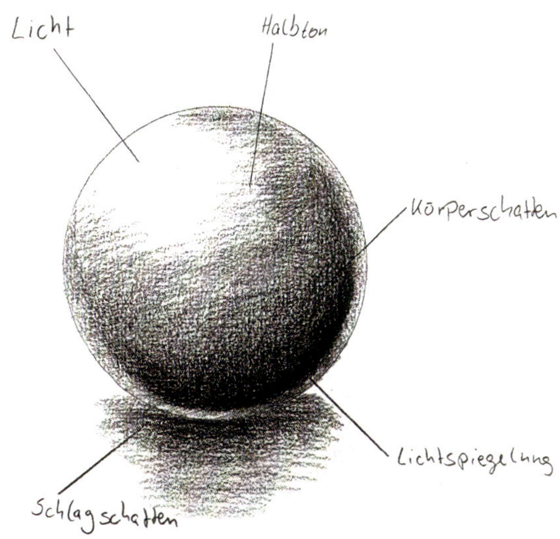

Wenn du nun von einem Motiv abzeichnest, musst du dir die Schatten genau ansehen, um die Schatten und das Licht auf deine Zeichnung übertragen zu können. Wichtig ist auch, dass du erkennst, wie dunkel dein Schatten sein muss. Es gibt natürlich Schatten, die fast bis ganz schwarz sind, aber es gibt auch Halbtöne, die man genauso gut treffen muss. Also achte darauf, wie dunkel und wie hell du in den Schatten sein musst. Wichtig ist, dass du bei dunklen Stellen nicht zu dunkel wirst. Es ist schwer, dunkle Stellen wieder aufzuhellen, aber helle Stellen kann man jederzeit noch dunkler machen.

Es gibt verschiedene Techniken, um Schatten darzustellen. Für Bleistiftzeichnungen kann man, wie wir schon geübt haben, Schraffuren verwenden. Außerdem kann man Wischen und Schummern.

Du kannst Linien und Flächen, die du ausgemalt hast, mit einem Wattepad, einem Q-Tip, Klopapier oder auch mit eigens dafür hergestellte Estompen verwischen und somit die Linien verblenden. Verwende niemals deine Finger dafür, denn deine Hände geben immer etwas Fett auf das Bild ab, und so können Flecken entstehen. Sei aber vorsichtig, wenn du wischst, denn wenn du es übertreibst, kann es passieren, dass dein Bild fleckig aussiehest oder einfach unsauber wirkt.

Schummern nennt man es, wenn du deinen Bleistift schräg hältst und mit der Breitseite der Mine zeichnest. Das kennst du vielleicht von früher, wenn man ein Euro-Stück unter das Papier gelegt hat und auf dem Papier zeichnet. So hat sich das Muster vom Euro-Stück auf der Oberfläche des Papiers abgebildet. Der Nachteil beim Schummern ist, dass es unscharf und unsauber wirken kann.

Diese Techniken eignen sich am besten für Bleistiftzeichnungen. Natürlich kannst du so auch mit Buntstiften, Kohle oder Pastellstiften zeichnen. Für Buntstifte gibt es aber noch andere Techniken, die ich dir gerne zeigen möchte. Also spitz deine Buntstifte!

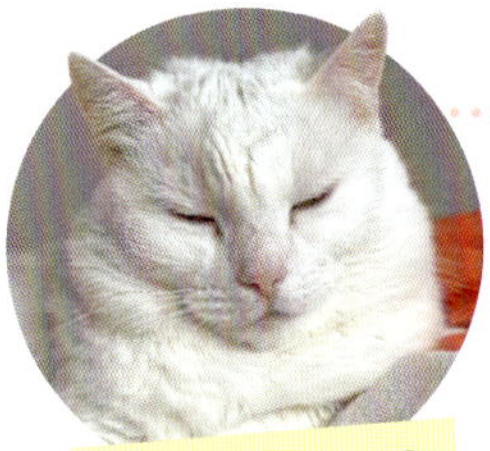

MOLLYS TIPP

Umso weniger Licht an eine Stelle kommt, desto dunkler ist die Stelle!

Wie zeichne ich mit Buntstiften?

Wenn du nun mit Buntstiften zeichnest, kannst du auch schraffieren, schummern und wischen.

Beim Zeichnen mit Buntstiften kannst du die Farben übereinanderlegen, um realistische Schattierungen zu erzeugen. Dabei fängst du mit dem hellsten Farbton an, den du bei deinem Motiv siehst. Auch hier ist wieder ganz wichtig, dass du dein Motiv genau betrachtest und dir die richtigen Farben von hell bis dunkel raussuchst. Hast nun die Grundierung, kannst du dich zu den dunklen Stellen vorarbeiten. Um ein realistisches Ergebnis zu bekommen, musst du viele Schichten aufeinanderlegen. Du kannst auch zwischendurch die Pigmente mit Hilfe eines Wattepads oder eines Stücks Klopapier in das Papier einarbeiten. Das machst du so lange, bis du denkst, du wirst langsam verrückt. Nein Quatsch! Das machst du so lange, bis die Oberfläche deines Papiers glänzt und wie poliert aussieht. Daher kommt auch der Name dieser Technik: Polierung. Du kannst auch ganz am Ende Highlights und Lichteffekte ins Papier kratzen, zum Beispiel mit einem Schablonenmesser. Du kannst natürlich auch einen weißen Buntstift zum Verblenden benutzen. Beim Verblenden vermischt man die Farben so miteinander, dass die Übergänge weich erscheinen.

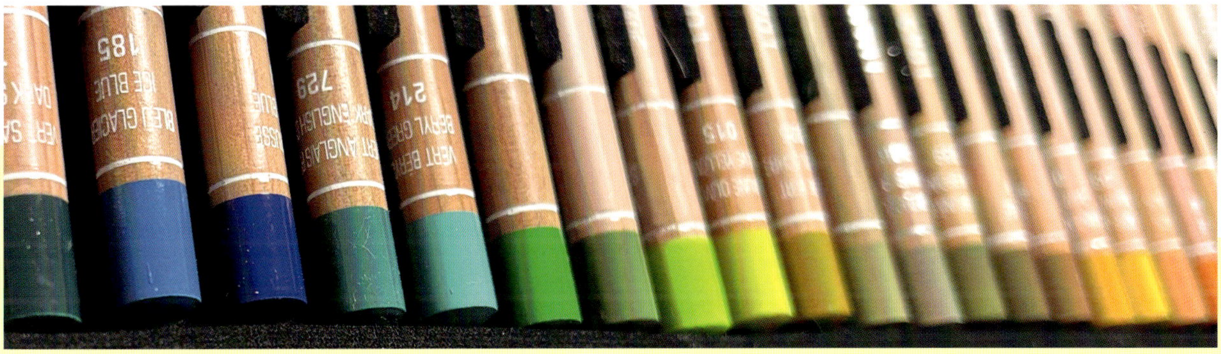

Dinge, die du beim Zeichnen mit Buntstiften beachten solltest:

- Wenn du deine Skizze mit Bleistift vorgezeichnet hast, vergiss nicht die Linien mit einem Knetradiergummi so zu radieren, dass die Linien nur noch leicht durchscheinen. Sonst hast du in der Zeichnung die ganzen Bleistiftlinien, die durch die Buntstifte nur noch dunkler geworden sind. Beim realistischen Zeichnen ist es wichtig, dass du keine harten Linien hast, sondern weiche Übergänge, und da ist es ein riesiger Nachteil, wenn du überall Bleistiftlinien hast.

- Wenn wir schon bei Übergängen sind: Versuch möglichst keine harten Kanten beim Zeichnen zu erzeugen. Besser sind Farben, die ineinander übergehen. Dazu kannst du einen Papierwischer nehmen oder ganz einfaches Klopapier. Wenn es bei dir läuft, geht natürlich auch sechslagiges. 😄

- Wichtig ist auch, dass du direkt am Anfang deiner Zeichnung nicht total doll aufdrückst, sondern lieber viele einzelne Schichten übereinanderlegst. Das ist zwar um einiges anstrengender, aber glaub mir, das lohnt sich! Durch die vielen Schichten hast du viel mehr Möglichkeiten, Farben zu mischen und Licht und Schatten realistisch in die Zeichnung zu bekommen. Also wie schon so oft: Locker bleiben. Easy peasy. Kein Stress. Ommmmm. Drückst du aber ganz am Anfang deiner Zeichnung schon richtig doll auf, wird es schwierig, auf die Farbe, die du eben gelegt hast, weitere Farbe zu legen. Die ganze Zeichnung sieht dann strichig und unschön aus.

- Bei dieser ersten Grundierung würde ich den Stift auch erst mal weiter hinten halten, so wie wir das beim Schraffieren machen würden. Achte darauf, dass du die Farbe gleichmäßig auf das Papier bringst. Was ich dir auch empfehlen kann, ist: Lasse die Stellen in der Zeichnung, in denen viel Licht ist, weiß. Also lasse diese Stellen beim Grundieren aus. Ich mache das auch immer so, dass ich Highlights mit einem Bleistift in meine Skizze mit einzeichne und diese dann einfach beim Grundieren umgehe.

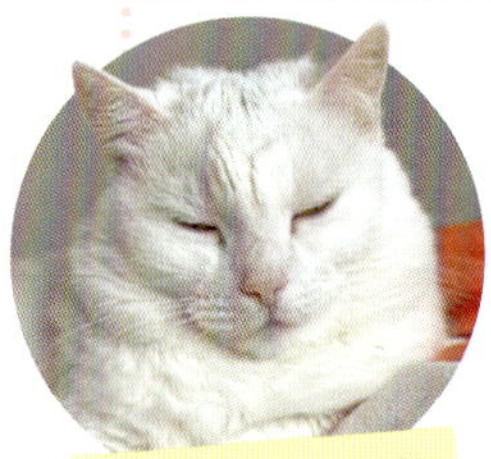

MOLLYS TIPP

Kleiner Tipp: Zeichne mit kreisenden Bewegungen! Diese kann man besser verblenden und sie machen die Übergänge weicher. Probiere einfach mal aus: Kreisende Bewegung auf der einen Seite und gerade Bewegungen von oben nach unten auf der anderen Seite.

Eine andere Technik wäre auch, zuerst die Schatten zu zeichnen und dich dann zu den hellen Stellen vorzuarbeiten.

KLEINE STORY-TIME

Ich war mal im Künstlerladen meines Vertrauens und habe meinen Verkäufer gefragt, ob er nicht etwas kennt, womit ich Buntstifte auf Ölbasis verblenden kann (man kann zum Verblenden auch Babyöl oder Spiritus nehmen, aber beides hat seine Nachteile). Zuerst meinte er, er würde nichts kennen, als ich dann aber an der Kasse stand, ging er in eine kleine Kammer und kam mit einem Minifläschchen wieder raus. Und boom! Diluent N von Schmincke. Mit dieser kleinen Flüssigkeit kann man superschön Farben mischen und verblenden. Das Beste an der Sache ist, dass sich das Papier nach dem Auftragen des Diluent N so anfühlt, als hätte man noch gar nicht darauf gezeichnet. So ist es möglich, unfassbar viele Schichten Farbe aufzutragen ohne dass das Papier irgendwann sagt: Nö, jetzt ist aber Schluss. Also ein Holy Grail für mich. Probiere es ruhig auch mal aus! Du kannst auch einfach erstmal Babyöl nehmen, aber Vorsicht: Zu viel Babyöl kann auch zu Flecken führen. Und Achtung: Diese Technik geht nur bei Stiften auf Ölbasis.

Ein weiterer Tipp wäre: Es gibt in Künstlerläden sogenannte Blender. Das sind farblose Stifte, die man zum Verblenden der Buntstifte nutzen kann. Diese Blender bestehen aus Wachs und da sie farblos sind, hinterlassen sie keinen weißen Film (das würde ein weißer Buntstift machen) auf deinem Bild, sondern lassen die Farben noch kräftiger erscheinen. Caran D'Ache hat supertolle Blender im Sortiment, die ich mittlerweile sehr gerne verwende. Blender kann man aber nur bei Buntstiftzeichnungen verwenden: Da Bleistifte aus Grafit bestehen, lassen sie sich nicht mit einem Blender verblenden.

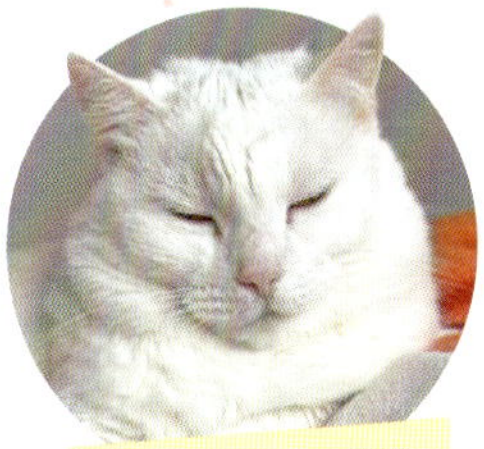

MOLLYS TIPP

Als Tipp zum Verblenden von Farben und zum Kreieren von weichen Übergängen in deinen Schattierungen kann ich dir sagen, dass es viel einfacher ist, wenn du statt zum Beispiel zwei Farben, die du für eine Fläche benutzt, die von hell in Dunkel übergeht, du ruhig noch eine dritte oder vierte Farbe nehmen kannst.

GENUG THEORIE – MACHEN WIR UNS ANS ZEICHNEN!

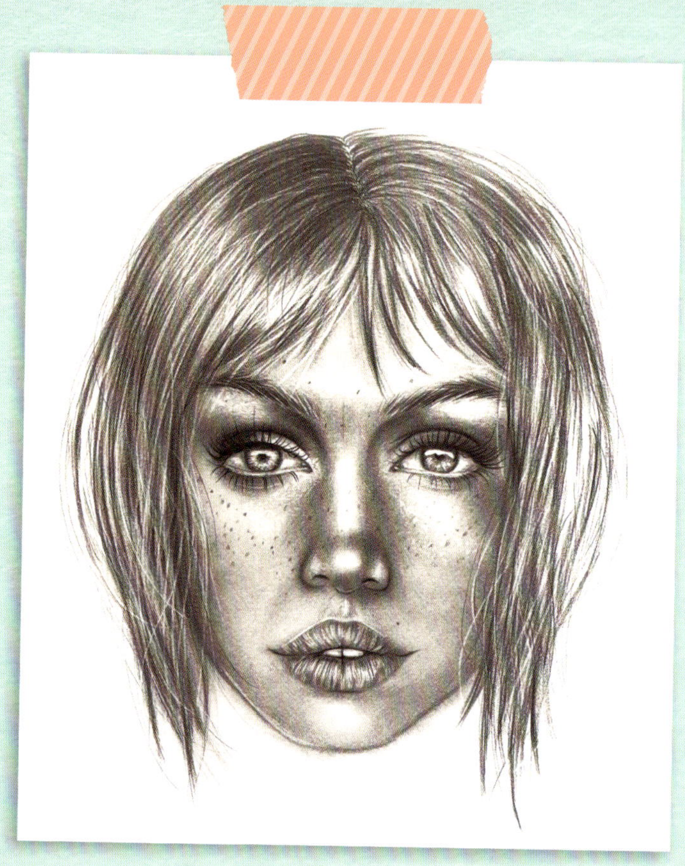

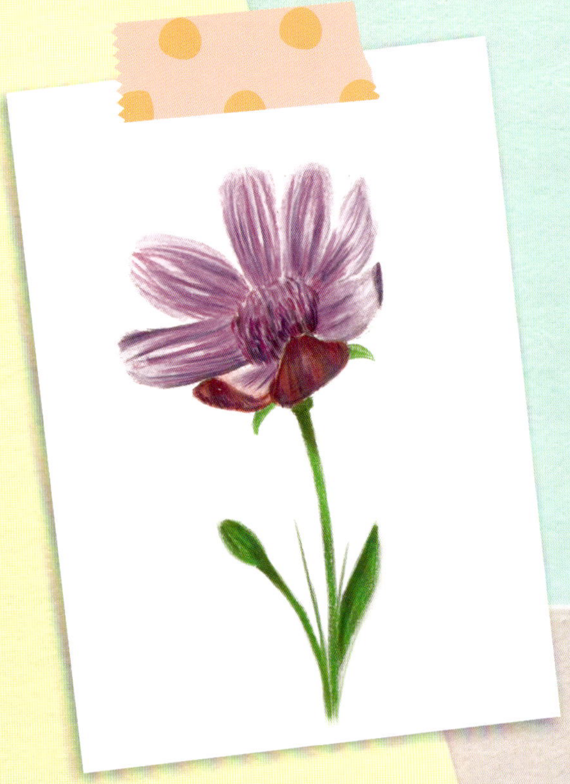

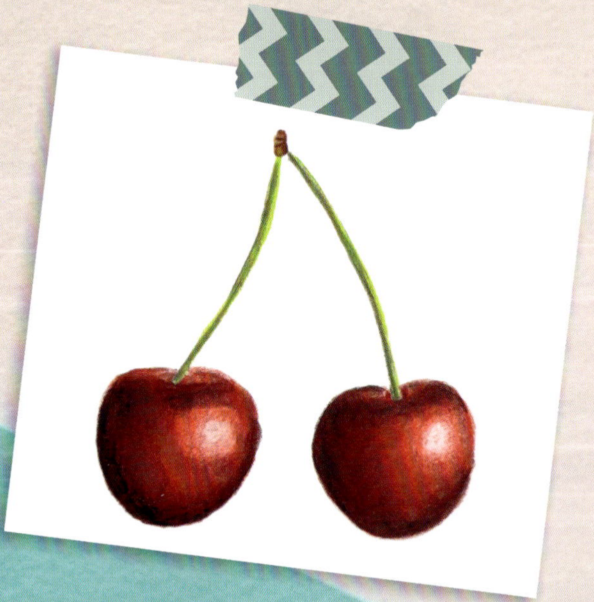

Los geht's!

TROPFEN *zeichnen*

Fangen wir mit einer Zeichnung an, die eigentlich relativ einfach ist. Ein Tropfen Wasser. Oder eine Träne. Je nachdem, wofür man den Tropfen gerade braucht.

WAS DU HIERFÜR BRAUCHST:

- ~ Bleistift (zwei verschiedene Stärken, z. B. B und 3B)
- ~ Papier
- ~ Radiergummistift
- ~ Wattestäbchen
- ~ Wattepad

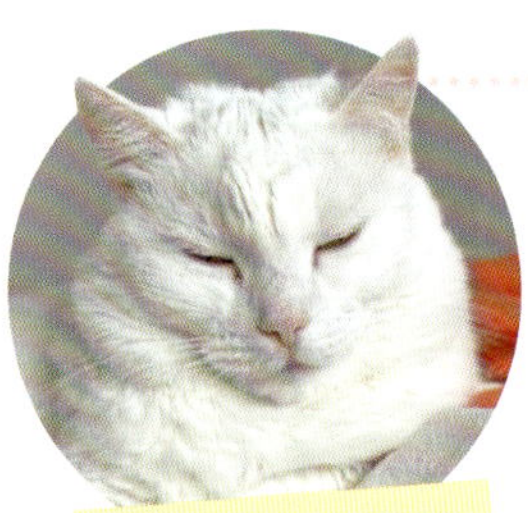

MOLLYS TIPP

Falls du keinen Radiergummistift hast, kannst du auch einfach einen Radiergummi an einer Ecke zuschneiden, sodass du eine glatte Kante hast, mit der man fein radieren kann.

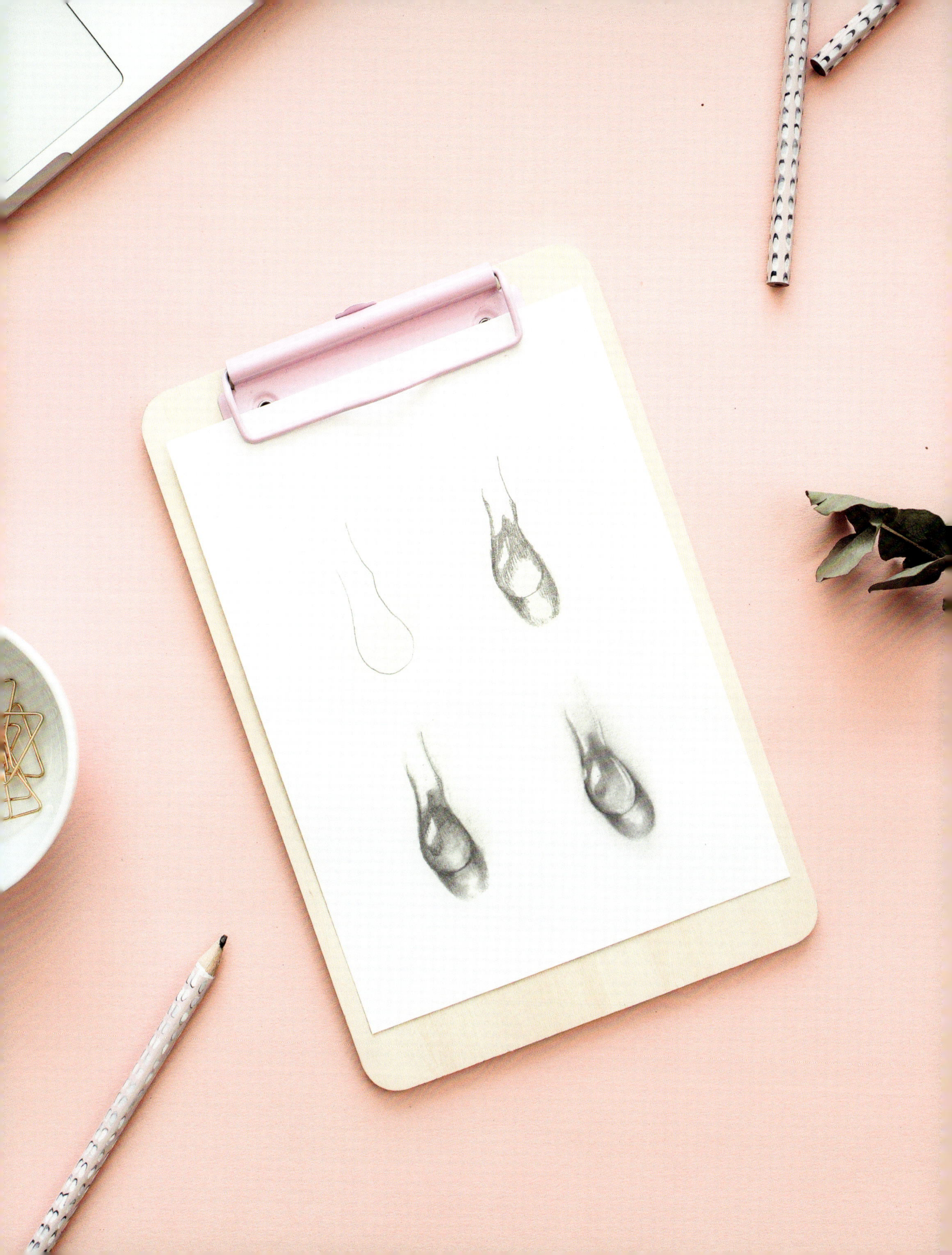

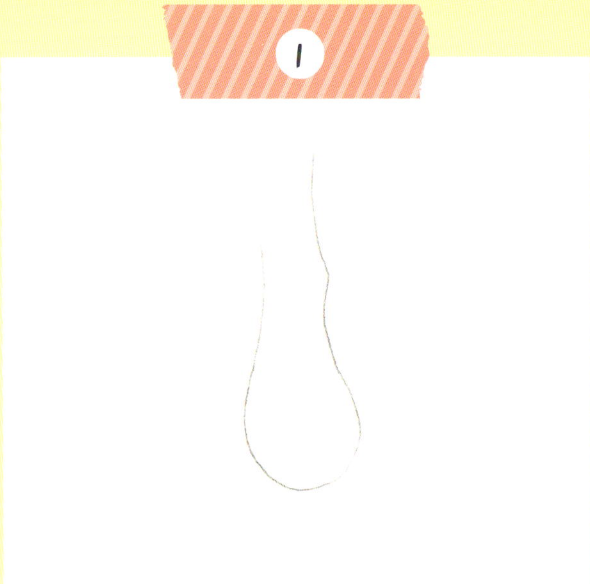

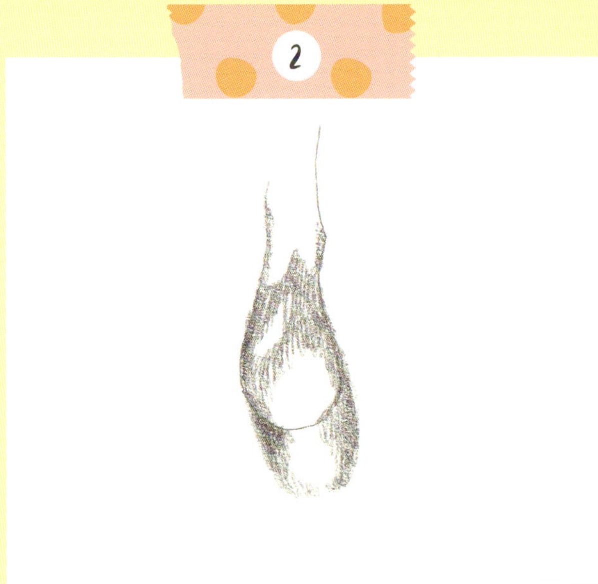

1. Als Erstes fängst du mit der Grundform deines Tropfens an. Je nach Position und Fallwinkel kannst du entscheiden, wie diese aussehen soll.

2. Als Nächstes kannst du die Schatten und die Lichteffekte grob vorzeichnen.

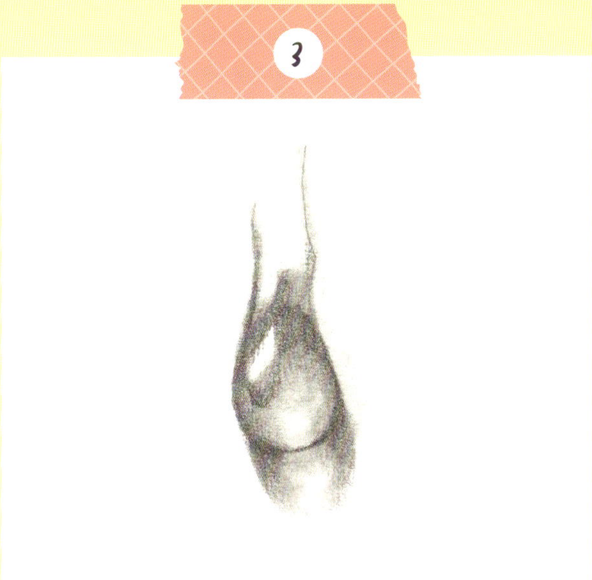

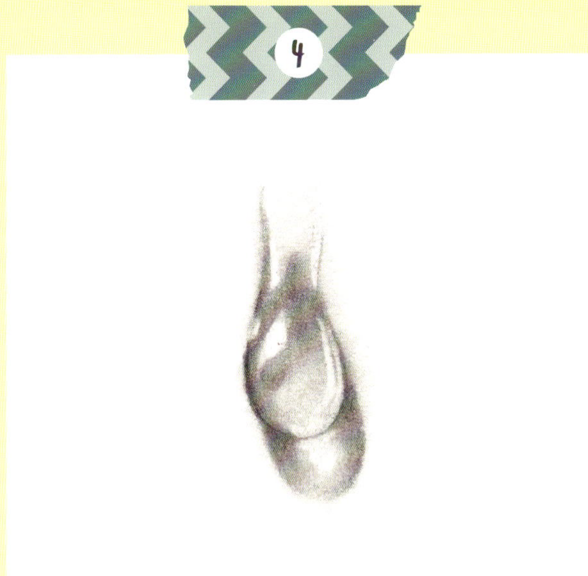

3. Die einzigen Schritte, die du jetzt noch machen musst, sind: Schattierungen verdunkeln und Lichteffekte aufhellen.

4. Nach jedem Schattieren kannst du mit einem Wattestäbchen verblenden. Aber nicht übertreiben! Sonst wirkt der Tropfen unscharf und unsauber. Du musst beim Verblenden darauf achten, dass du die dunklen Stellen nicht zu weit nach außen verteilst.

Ganz wichtig ist, dass du den Schlagschatten unter dem Tropfen nicht vergisst. Dieser sorgt dafür, dass die Träne dreidimensional wirkt. Zum Schluss kommen noch ein paar Highlights an Stellen, die du schön findest – et voilà, fertig ist der Tropfen!

ORANGE zeichnen

Machen wir weiter mit etwas, an dem du die Tropfen direkt mal ausprobieren kannst. Orangen. 😁

WAS DU HIERFÜR BRAUCHST:

- ~ Bleistift
- ~ Aquarellpapier
- ~ Knetradiergummi
- ~ Radiergummi
- ~ Zwei Buntstifte (orange, hellrot)
- ~ Aquarell-Marker alternativ Aquarellfarben oder -stifte (hellorange, dunkelorange, hellgrün, dunkelgrün)
- ~ Pinsel
- ~ Weißer Gelstift
- ~ Wasser

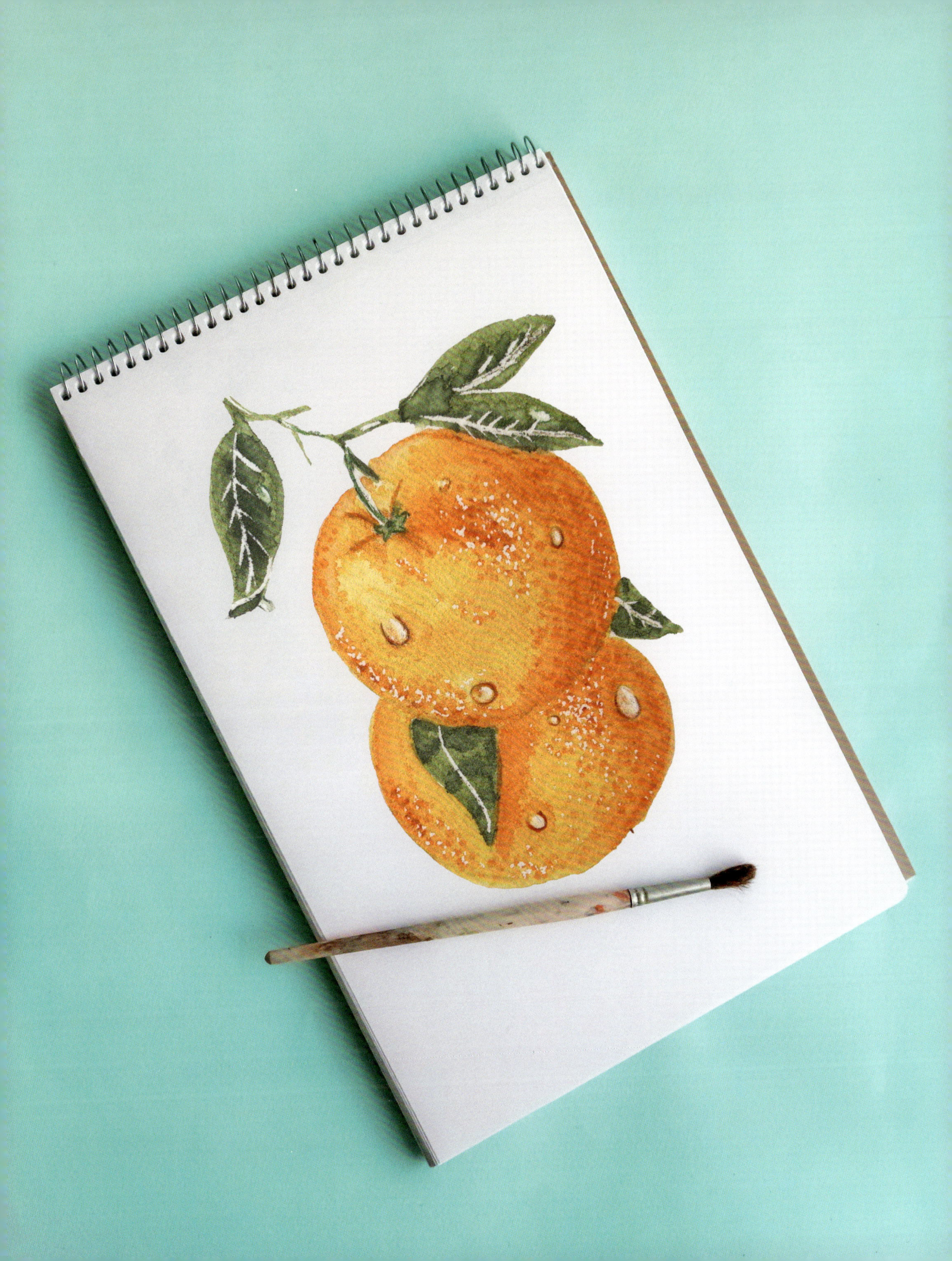

ORANGE ZEICHNEN

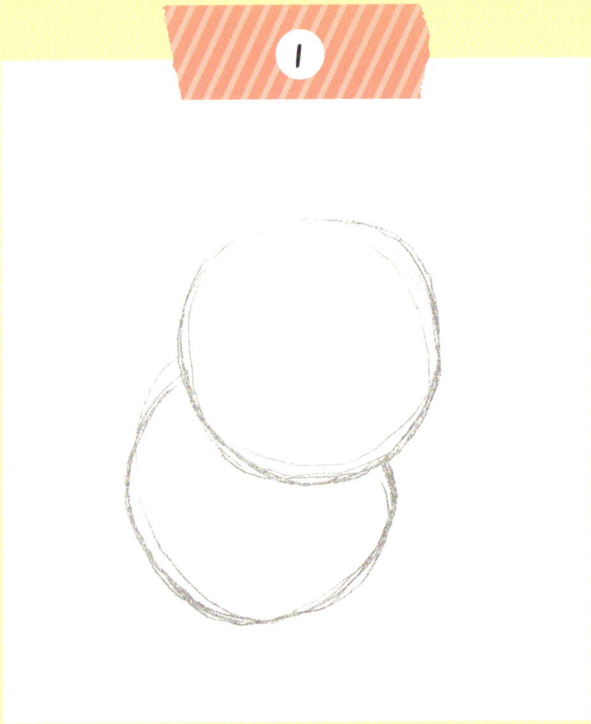

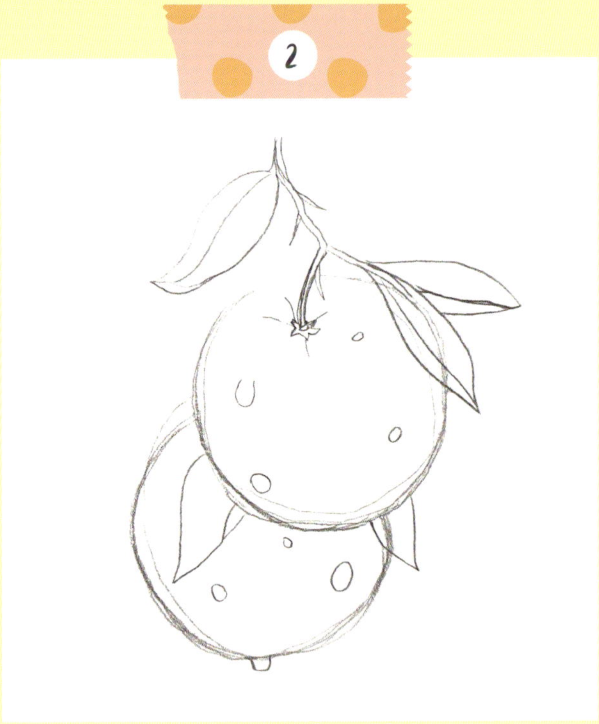

1. Als Allererstes malst du dir zwei Kreise, wobei der eine den anderen überlappt. Die Kreise müssen nicht perfekt sein (Ich kann auch immer noch nicht Kreise beim ersten Versuch richtig zeichnen).

2. Danach zeichnest du bei der oberen Orange einen Stiel. Hier musst du darauf achten, dass an der Stelle, an dem der Stiel steckt, die Orange etwas eingedrückt ist. Das kannst du verdeutlichen indem du ein paar Linien vom Stiel wegzeichnest. Du kannst noch ein paar Blätter hinzufügen, dann die grobe Form der Tropfen dazu und die Skizze sitzt!

Nicht vergessen: Skizze mit einem Knetradierer radieren!

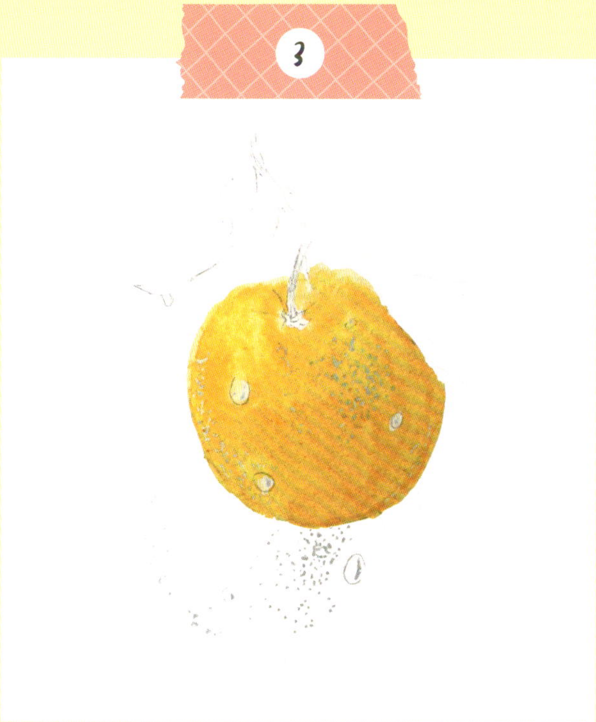

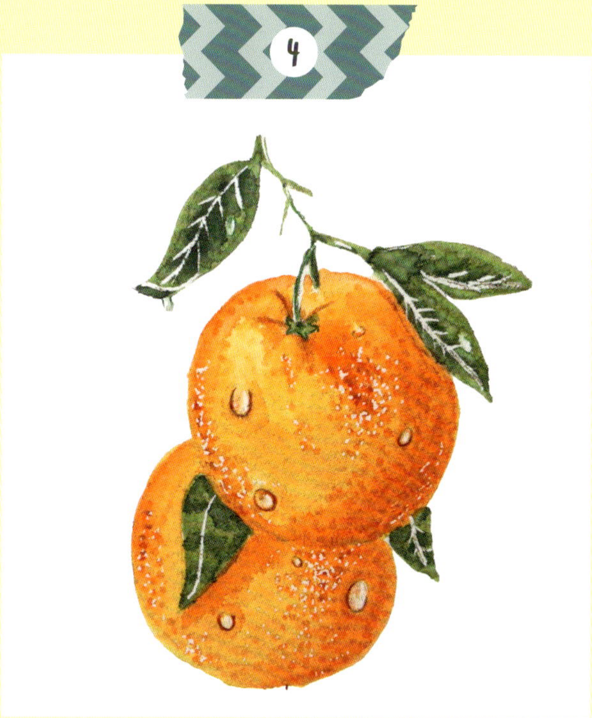

3. Als Nächstes kommt Farbe ins Spiel. Grundiere mit deinem hellsten Orange die Orangen. Ob du das mit Aquarellmarkern, -farben oder -stiften machst, ist dir überlassen. Bei Markern und Stiften kannst du die Farbe jetzt einmal mit Wasser verblenden. Das Gleiche macht du jetzt auch mit den Blättern: Mit deinem hellsten Grün grundieren und dann verblenden. Aber vorsichtig: Bevor du mit Grün ins Bild reingehst, warte lieber, bis das Orange trocken ist, sonst verlaufen die beiden Farben ineinander.

MOLLYS TIPP *Du kannst ein Masking Fluid benutzen! Dies ist eine Flüssigkeit, die man auf der Skizze aufträgt, damit diese Stellen weiß bleiben. Sie wird fest und lässt sich nach 10-15 Minuten abrubbeln.*

4. Wenn alles grundiert und trocken ist, kannst du mit den Schatten anfangen. Dazu nimmst du ein Hellrot und mischt es etwas mit einem Orange, bis du einen Zwischenton bekommst. Damit schattierst du jetzt die Stellen, die im Schatten liegen. Anschließend machst du dasselbe mit dem Hellrot, ohne zu mischen. Die Tropfen malst du so wie wir es schon geübt haben. Außer dass du jetzt mit Orange schattierst. Beachte unbedingt, dass auch die Blätter einen Schatten auf die Orangen werfen, den du nicht vergessen solltest.

In den Blättern machst du dasselbe: Mit einem Dunkelgrün kannst du nun einige Schatten hinzufügen. Zum Schluss kannst du noch ein paar Highlights mit einem weißen Gelstift hinzufügen und fertig ist deine Orange!

BLUME *zeichnen*

Blumen zeichnen macht großen Spaß. Man kann dabei mit verschiedenen Farben herumexperimentieren und rumprobieren. Super Motive also zum Üben!

WAS DU HIERFÜR BRAUCHST:

- Bleistift
- Papier
- Radiergummi
- Knetradiergummi
- Buntstifte deiner Wahl

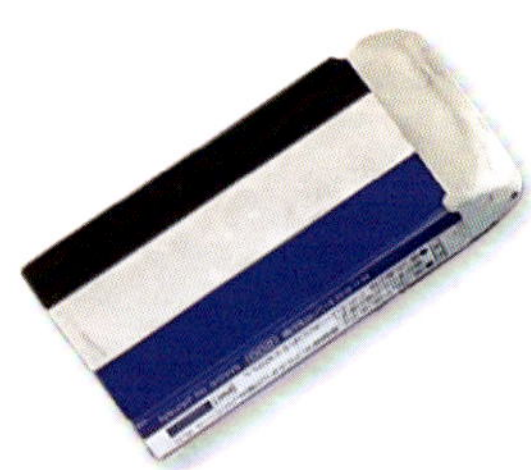

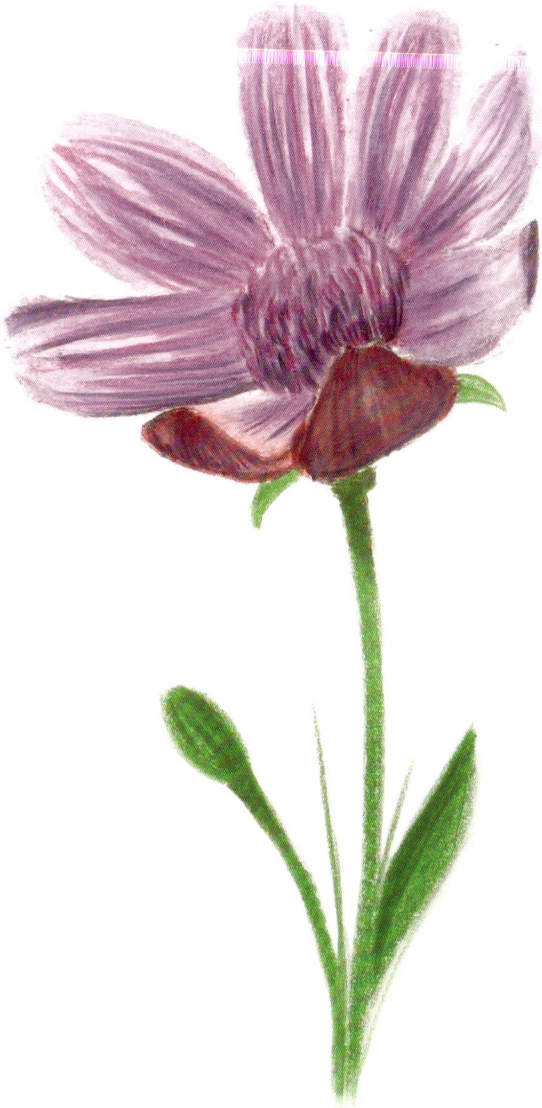

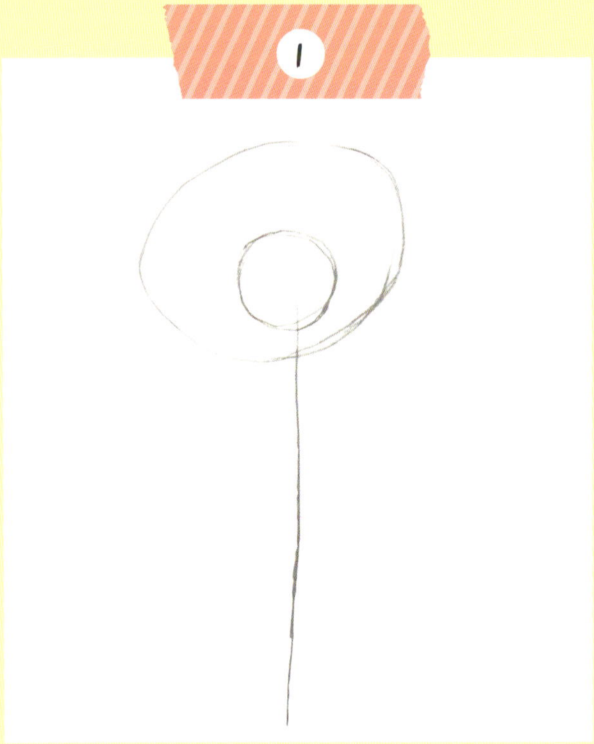

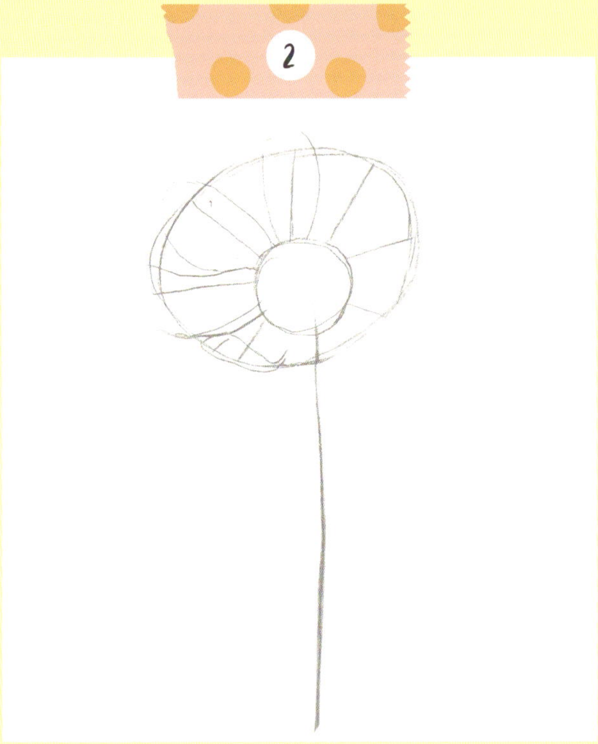

1. Soooooo machen wir uns mal an eine Blume! Die Grundformen sind sehr einfach. Du zeichnest erst mal einfach einen kleinen Kreis, der in einem großen Kreis steckt. Obwohl der größere Kreis eher ein Ei ist 😁

Nun ziehst du nur noch eine Linie runter. Damit kann man jetzt doch arbeiten, oder?

2. Nun kannst du die Blütenblätter einzeichnen. Dafür teilst du das „Ei" in acht Teile ein. In jedes dieser Teile kannst du jetzt ein Blütenblatt einzeichnen. Die Blütenblätter, die dem Betrachter zugewandt sind, musst du perspektivisch anpassen, sprich: Man sieht die Unterseite der Blüten. Den Blütenstempel kannst du je nachdem, wie du es haben möchtest, einzeichnen. Bei mir sind es kleine Zacken geworden.

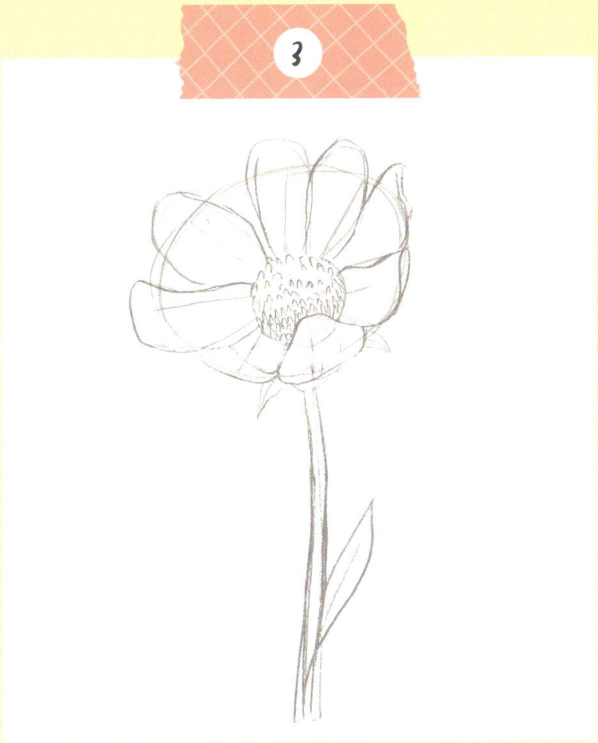

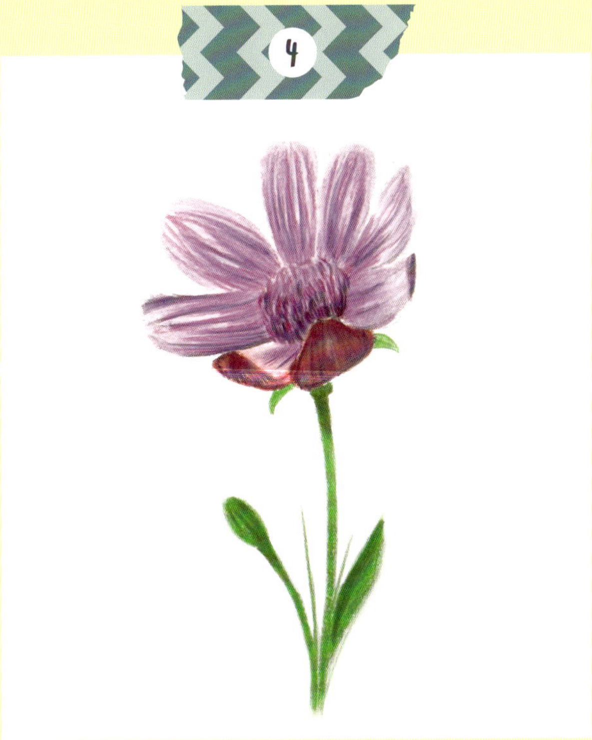

3. Jetzt kannst du dich an das Kolorieren machen. Je nachdem, welche Farben du dir ausgesucht hast, nun fängst du jedenfalls mit der hellsten an zu grundieren. Ich habe mit den Blütenblätter angefangen. Mit einem hellen Rosa habe ich mir eine kleine Grundierung gemacht. Danach habe ich ein paar Linien in verschiedenen Lilatönen eingezeichnet. Die Unterseiten der Blütenblätter habe ich mit Rot grundiert und mit Lila schattiert. Beim Blütenstempel habe ich es andersherum gemacht: ich habe zuerst mit Lila die dunklen Stellen eingezeichnet und dann mit Rosa verblendet. Die Blüten habe ich auch nochmal mit Rosa verblendet, damit die Schatten weicher werden.

4. Den Stiel der Blume habe ich mit einem hellen Grün ausgemalt und dann mit einem dunkleren Grün schattiert. Damit das Ganze nicht so einsam aussieht, habe ich noch eine kleine Knospe und ein Blatt dazugezeichnet.

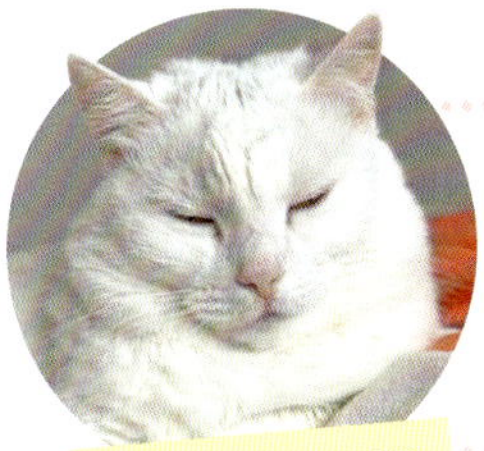

MOLLYS TIPP

Fange mit dem hellsten Ton an zu grundieren!

KIRSCHEN *zeichnen*

Kirschen zu zeichnen ist eine gute Übung, um Licht und Schatten mit Farben zu üben. Und sie sind auch noch extrem lecker!

WAS DU HIERFÜR BRAUCHST:

- Bleistift
- Radiergummi
- Knetradiergummi
- Buntstifte (rot hell und dunkel, grün hell und dunkel, schwarz, weiß, braun hell und dunkel)

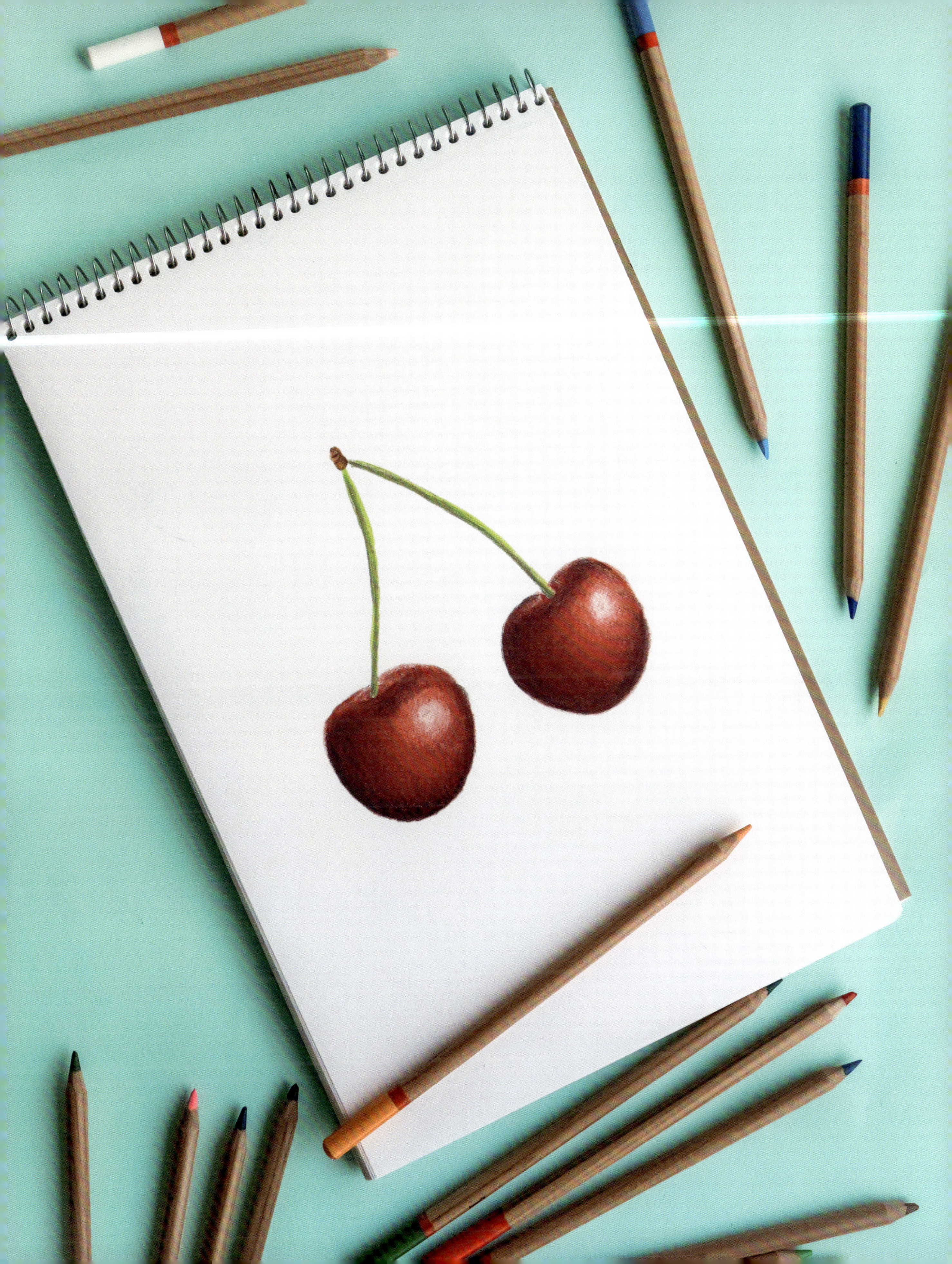

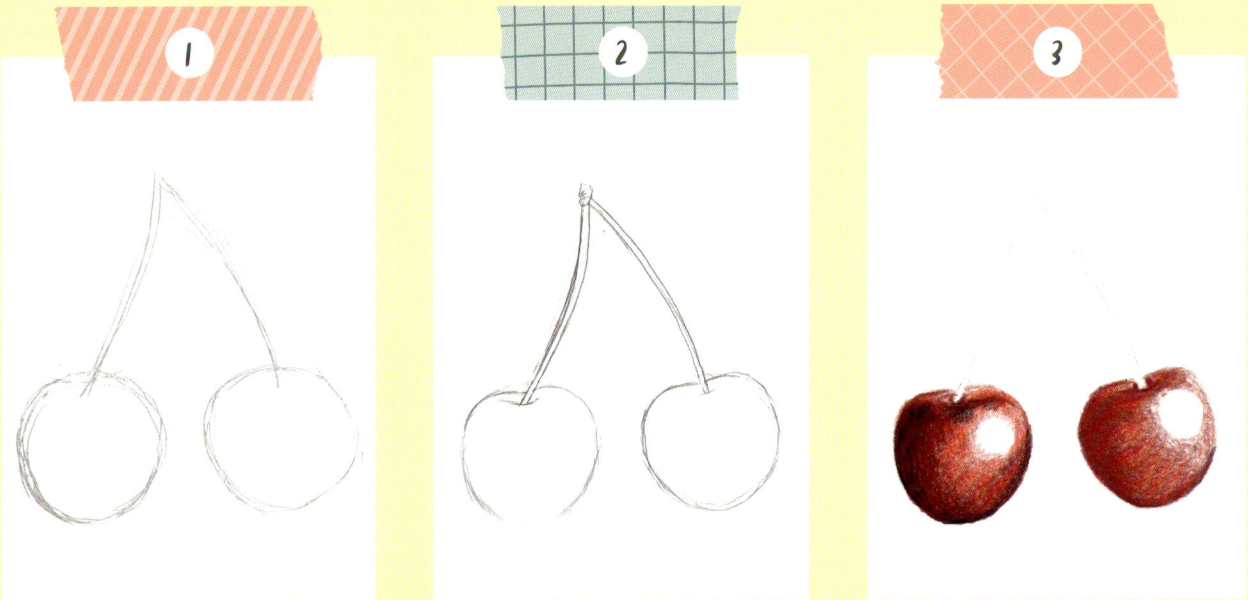

1. Kirschen kann man nicht anders anfangen als mit Kreisen. Also zeichnest du zwei Kreise, die mit einer Art kleinem Dreieck verbunden sind.

2. Wie schon bei den Orangen musst du darauf achten, dass die Stiele in der Frucht drinstecken. Daher musst du da eine kleine Kuhle zeichnen, aus der die Stiele herausragen.

3. So, jetzt können wir an die Farben! Grundiere die Kirschen mit deinem hellen Rot vor, aber vergiss dabei nicht, die Lichtpunkte auszulassen.

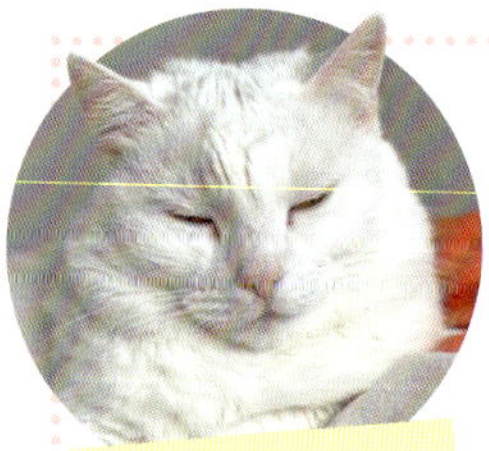

MOLLYS TIPP

Suche dir einen Winkel, aus dem das Licht scheint. So fällt es dir leichter zu bestimmen, wo Licht und Schatten hingehören.

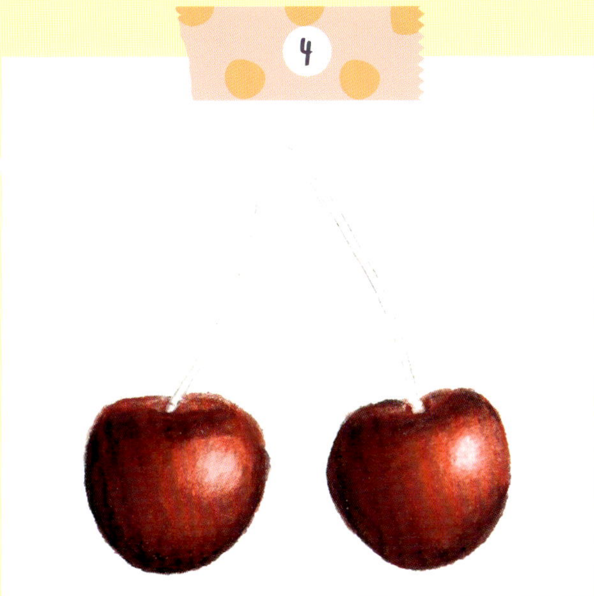

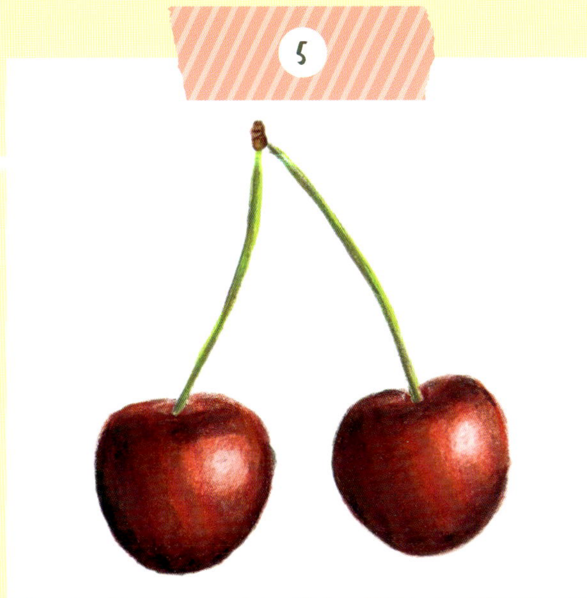

4. Nach dem Grundieren kannst du jetzt mit deinem Dunkelrot die Schatten noch kontrastreicher machen. Ganz zum Schluss nimmst du dein Schwarz und schattierst damit ganz vorsichtig die gleichen Stellen. Das wird wieder mit Rot verblendet. Bei dem Lichtpunkt nimmst du den Druck von deinem Stift so, dass du ganz leicht Farbe aufträgst. Wenn kein Papier mehr durchscheint, kannst du mit einem weißen Stift alles verblenden.

5. Jetzt malst du mit Hellgrün den Stiel aus. Mit einem dunkleren Grün schattierst du den Stiel und mit Braun malst du noch das Braune oben am Stiel aus (ich hab keine Ahnung, wie man das nennt 😄).

WASSERMELONE zeichnen

Was schmeckt im Sommer kalt besonders gut?
Kein Eis. Nein, auch kein Eistee. Ja, genau, Wassermelone!

WAS DU HIERFÜR BRAUCHST:

- Bleistift
- Radiergummi
- Knetradiergummi
- Buntstifte (rot, rosa, grün, weiß, schwarz)

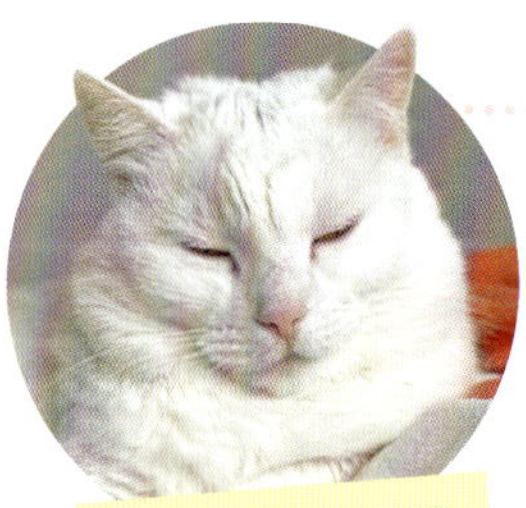

MOLLYS TIPP

Drücke nicht schon direkt am Anfang fest auf, sondern arbeite dich mit vielen Schichten voran!

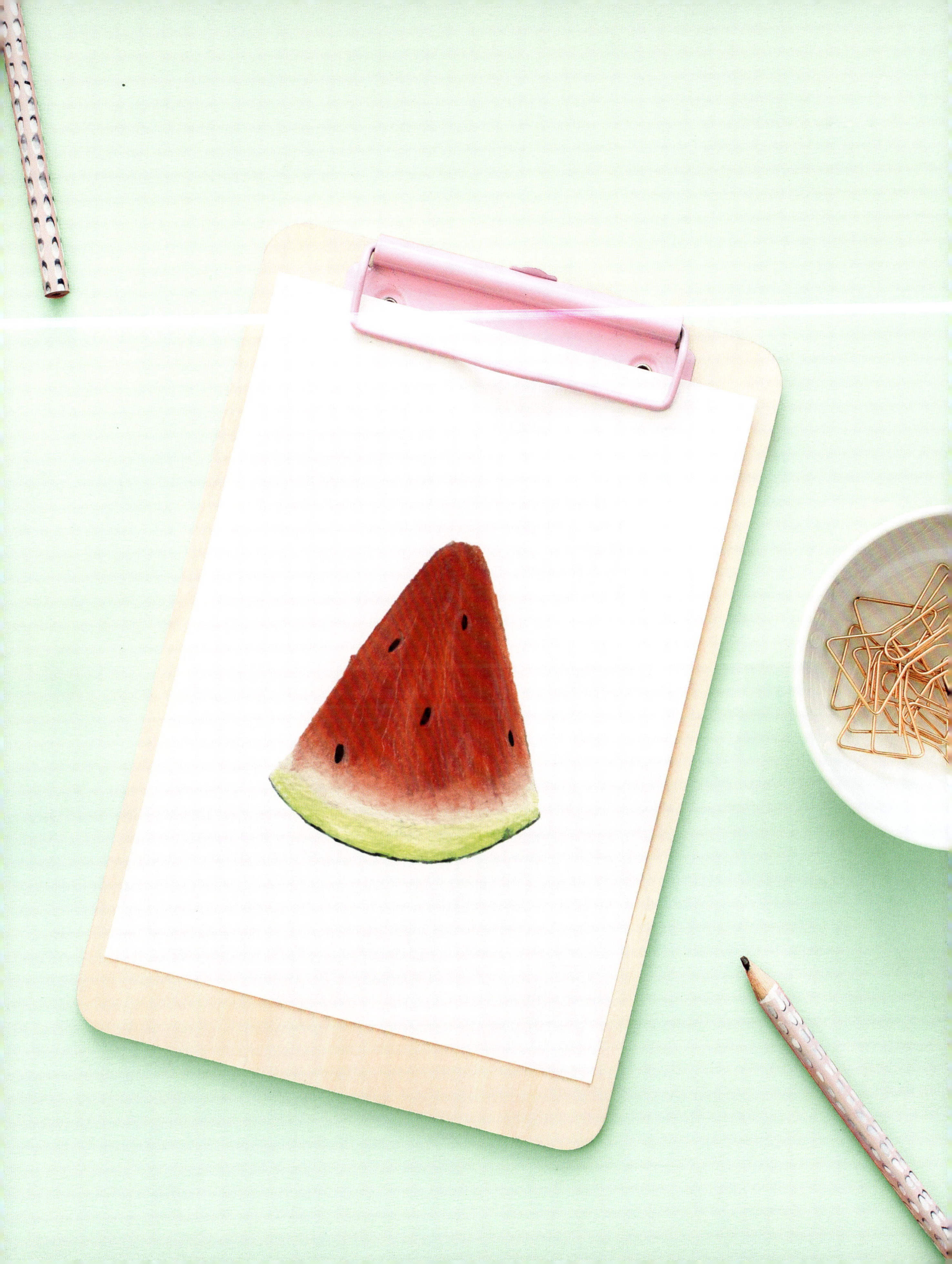

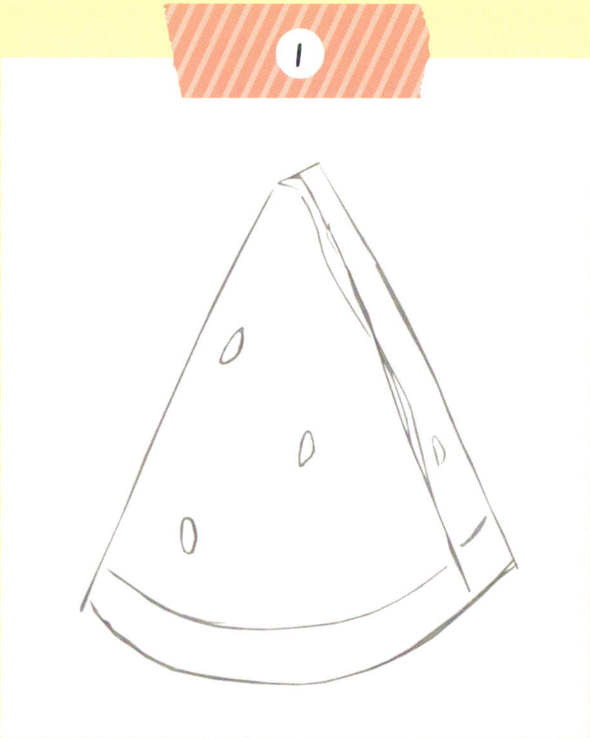

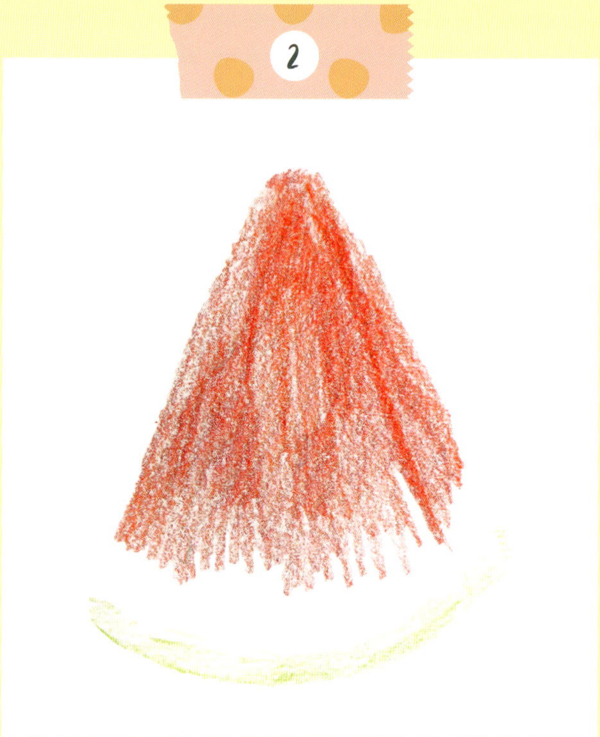

1. Die Skizze ist ganz einfach: Du zeichnest einfach ein Dreieck mit nach außen gekrümmtem Boden. Wieso klingt das so kompliziert? Zeichne einfach ein Pizzastück!

2. Das Ganze grundierst du jetzt auf der unteren Seite mit einem sehr hellen Grün und oben mit Rot. Die Fläche zwischen den beiden Farben bleibt erst mal weiß.

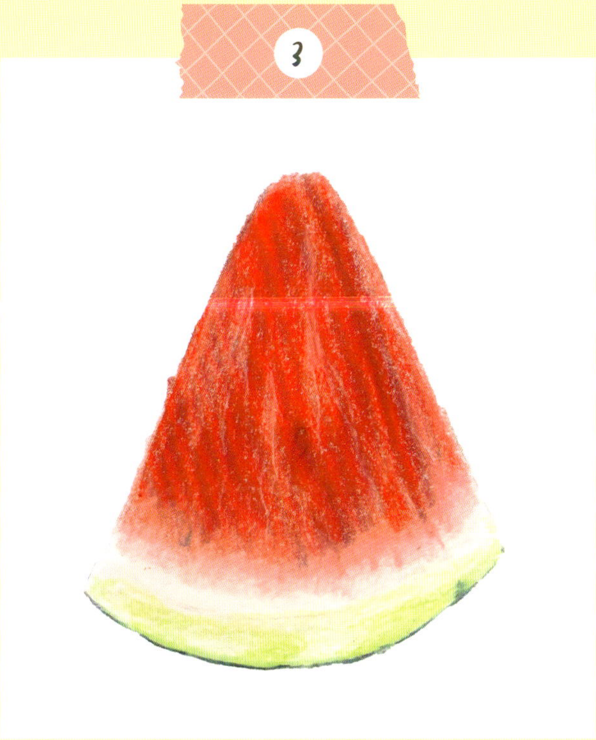

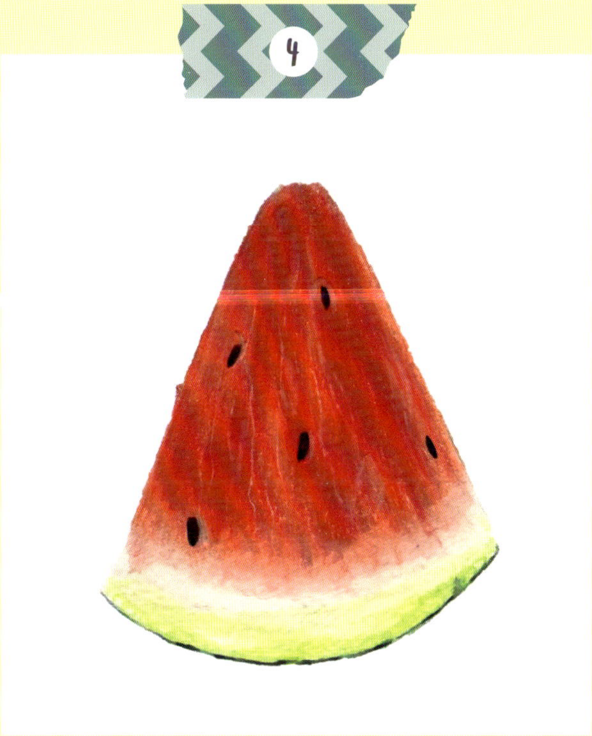

3. Mit einem dunkleren Rot kannst du jetzt mehr ins Detail gehen. Male nicht alles in demselben Rotton aus, sondern mache es mal hier, mal da etwas dunkler. Die weiße Zwischenfläche kannst du mit einem hellen Rosa etwas verblenden. Die untere Fläche des Bodens bemalst du mit einem dunklen Grün. Male nur eine ganz dünne Linie.

4. Mit einem weißen Buntstift kannst du ein paar Fasern einzeichnen. Und die ganze rote Fläche miteinander verblenden. Auch das Grün kannst du verblenden und vorsichtig nach oben ziehen, so, dass du die beiden Farben etwas miteinander verblendest. Das letzte kleine, aber feine Detail sind die schwarzen Kerne. Die kannst du mit einem schwarzen Buntstift einzeichnen.

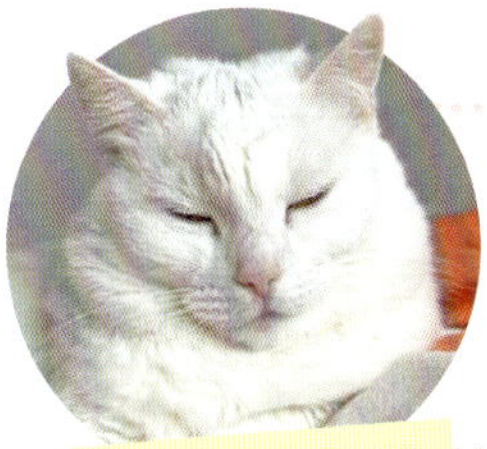

MOLLYS TIPP

Versuche die Struktur der Wassermelone mit einzubinden. Wassermelonen sind sehr faserig.

PORTRÄTS zeichnen

Für eine Porträtzeichnung brauchst du viel Geduld und Übung! Ein paar Kniffe gibt es jedoch, die dir dabei helfen können und das Ganze etwas einfacher machen. Diese zeige ich dir auf den nächsten Seiten.

Ein Porträt zu zeichnen gehört in der Kunst zu den Königsdisziplinen. Was vor Jahrhunderten genutzt wurde, um Menschen in ihrer Schönheit darzustellen, das gemalte Porträt, da die Kamera noch nicht erfunden war, hat seine Wichtigkeit durch Selfies, Instagram und Handykameras nicht verloren!

Das Gesicht eines Menschen auf Papier festzuhalten, so, dass es der Person auch noch ähnelt, ist ziemlich schwer und du musst sehr sehr viele Gesichter zeichnen, bis es gelingt. Aber lass dich nicht demotivieren und übe immer fleißig weiter!

Ein Gesicht ohne Vorlage zu zeichnen ist dann nochmal was anderes 😁 Proportionen, Schattierungen, Augen, Nase, Mund, Zähne, Ohren, Haare! Hier kommt alles zusammen, was an und für sich schon schwierig zu zeichnen ist. Und das dann alles so zusammenzuführen, dass es gut aussieht, kann sehr schwer sein! Aber mit ein paar Grundlagen sollte das Ganze etwas einfacher werden.

Also suche dir ein Bild oder eine Person, die du kennst, und versuche dem Papier leben einzuhauchen.

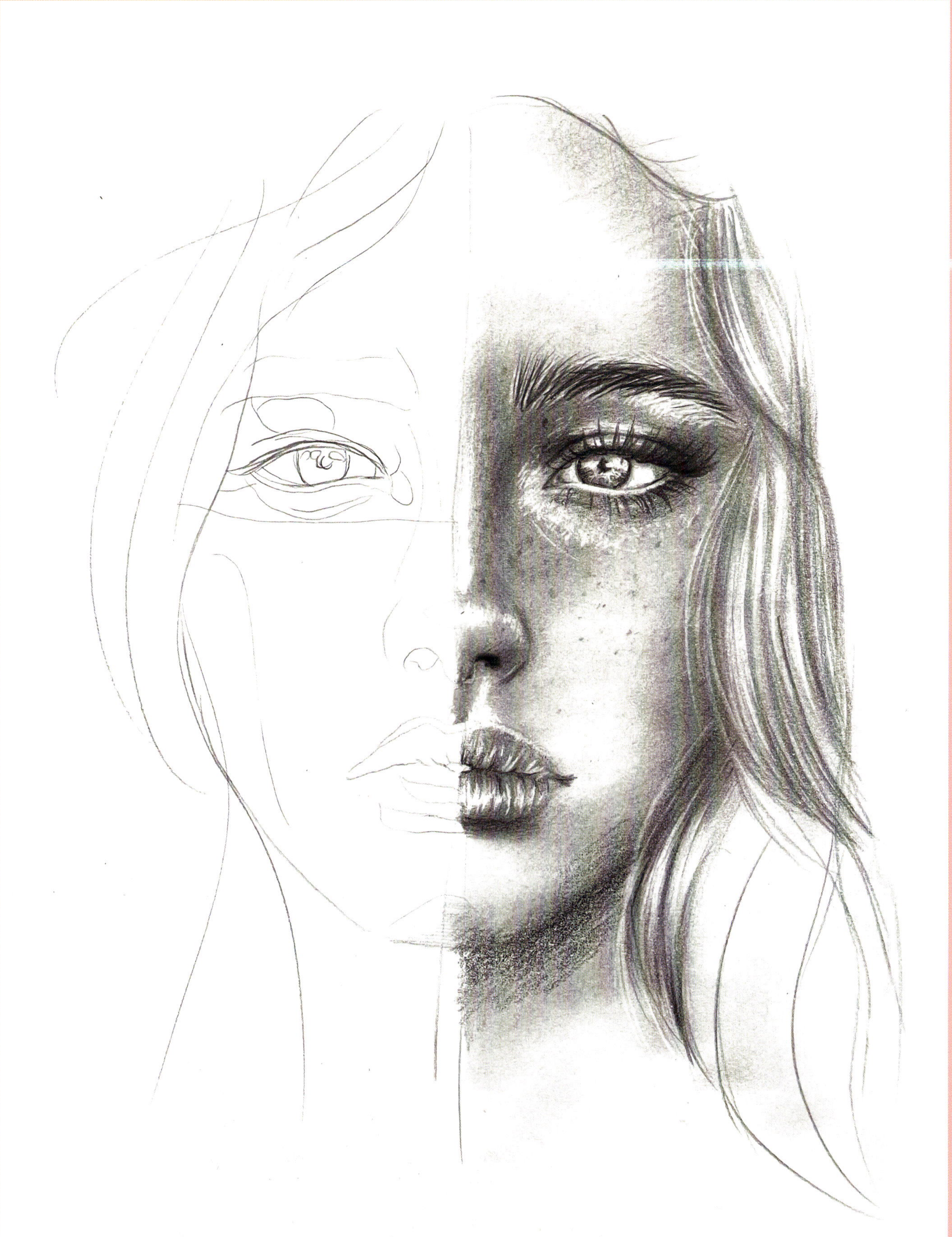

NASE zeichnen

Nasen sind eine Sache für sich. Ich will dir ja keine Angst machen. Aaaber: Nasen sind schwierig. Aber du kriegst das schon hin! Zuversichtlich sein! Na dann, los geht's!

WAS DU HIERFÜR BRAUCHST:

- Bleistift
- Papier
- Wattepad
- Radiergummistift

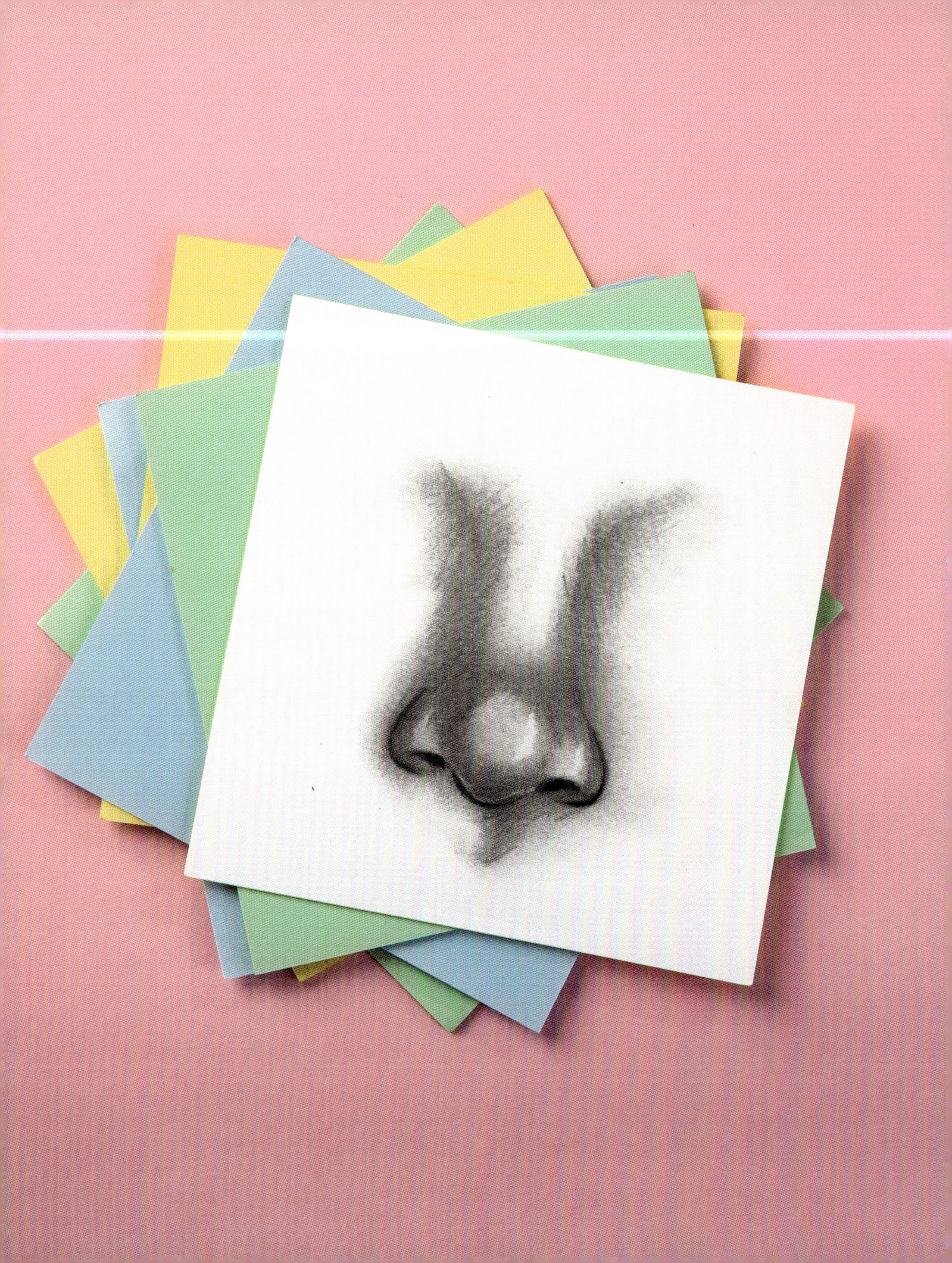

NASE ZEICHNEN

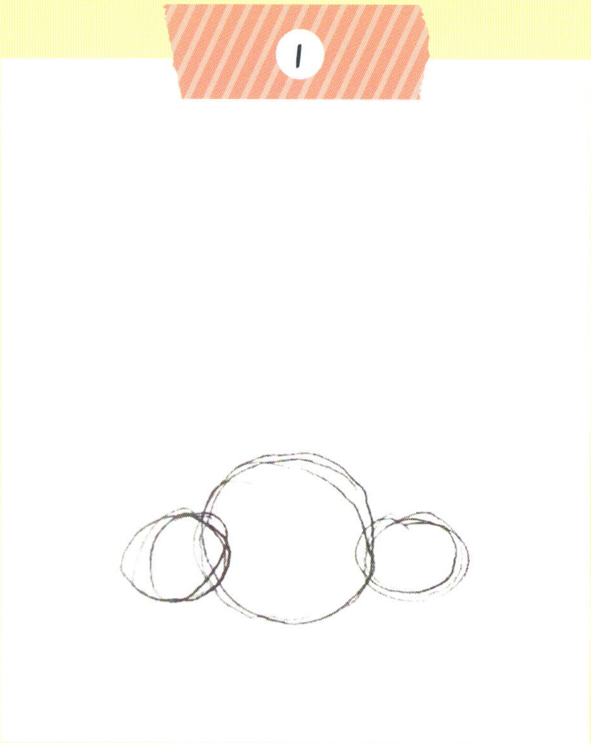

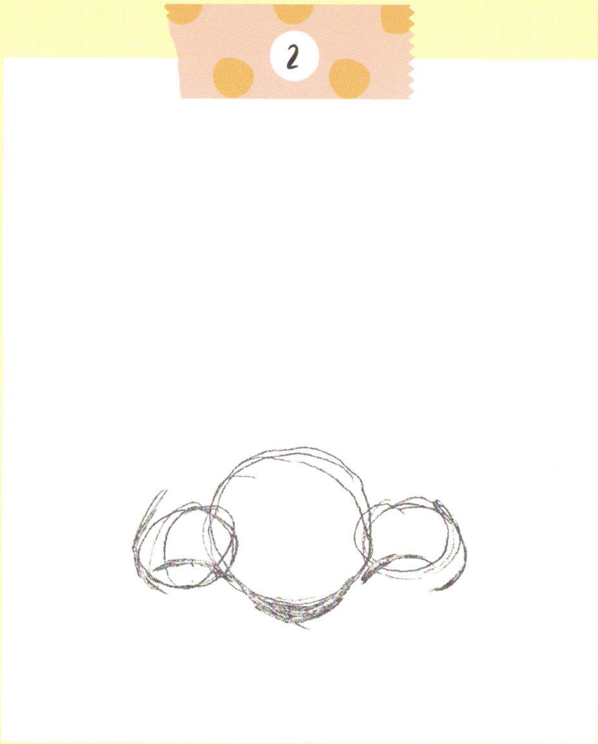

1. Ok. Wir starten einfach mit einem Kreis. Neben diesem Kreis zeichnest du zwei weitere Kreise, aber kleiner. Einen rechts und einen links. Lass sie ruhig etwas in den größeren Kreis überlappen.

2. Nun zeichnest du in die kleineren Kreise jeweils einen Bogen und an der Unterseite des großen Kreises zeichnest du auch einen Bogen. Links vom linken kleinen Kreis zeichnest du jetzt einen Nasenflügel. Und auf der rechten Seite des rechten Kreises auch einen kleinen Nasenflügel.

3

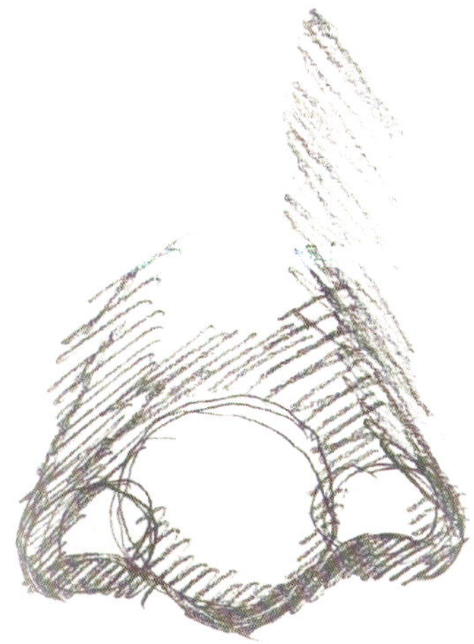

4

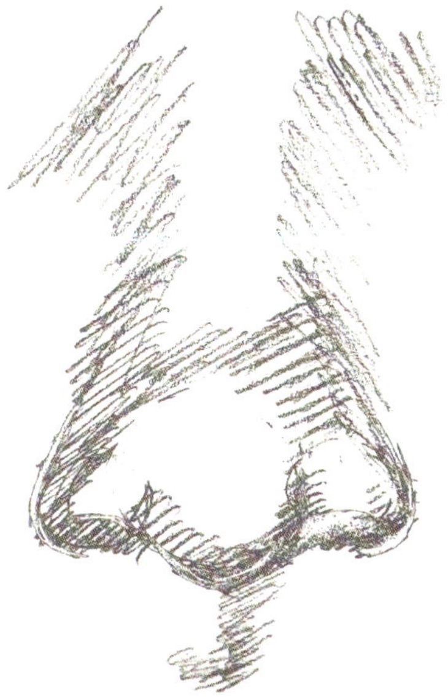

3. Jetzt kannst du auch schon schattieren. Ach ja: Nicht vergessen, die Hilfslinien davor noch wegzuradieren!

Du kannst einfach auf der linken Seite anfangen. Schraffiere vom Nasenflügel nach oben und oberhalb des großen Kreises rüber auf den anderen Nasenflügel. Den kannst du jetzt auch nach oben schattieren.

4. Auch die Unterseite des großen Kreises kannst du schattieren.

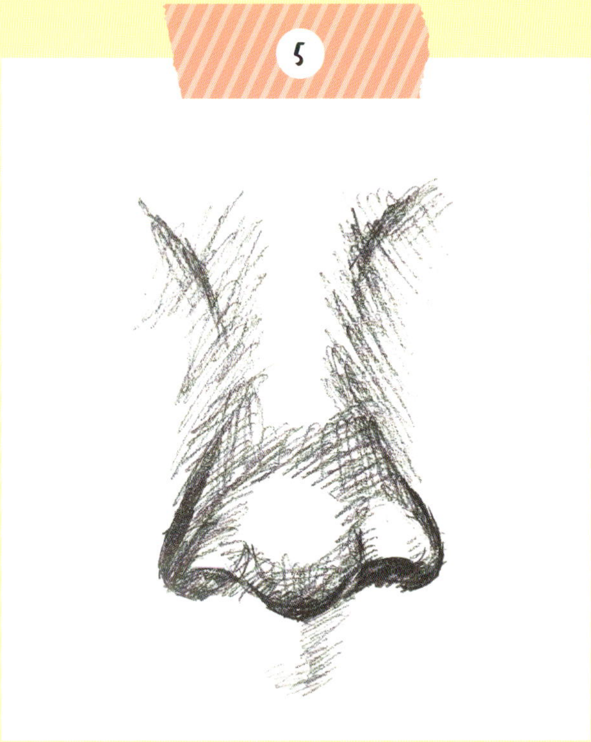

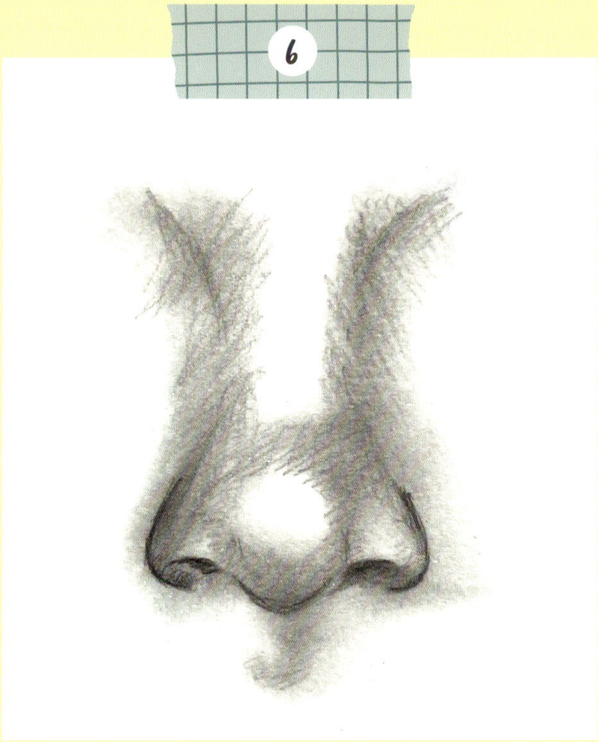

5. Diese Schatten machst du jetzt nochmal und versuchst etwas Form in die Nase zu bekommen. Wichtig ist, dass du die Nasenspitze und den Nasenrücken frei lässt.

6. Wenn du deine Schatten nun hast, kannst du dir ein Wattepad nehmen und damit alles entsprechend verblenden.

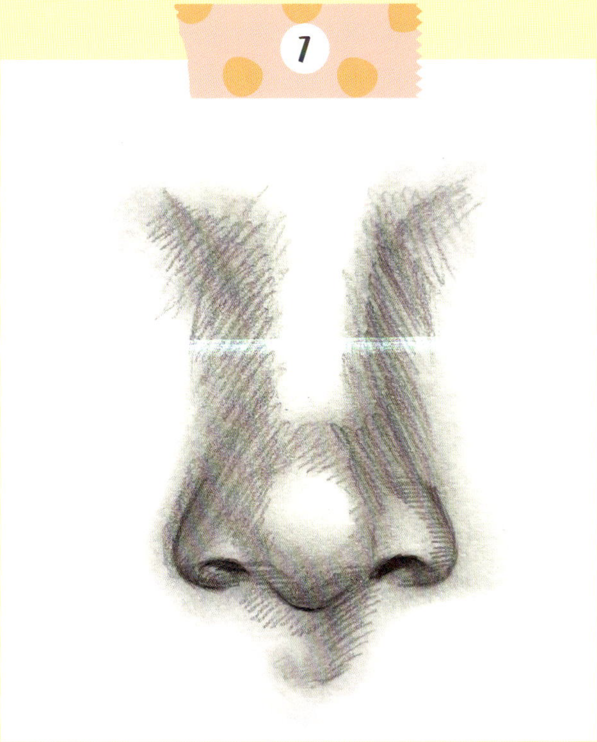

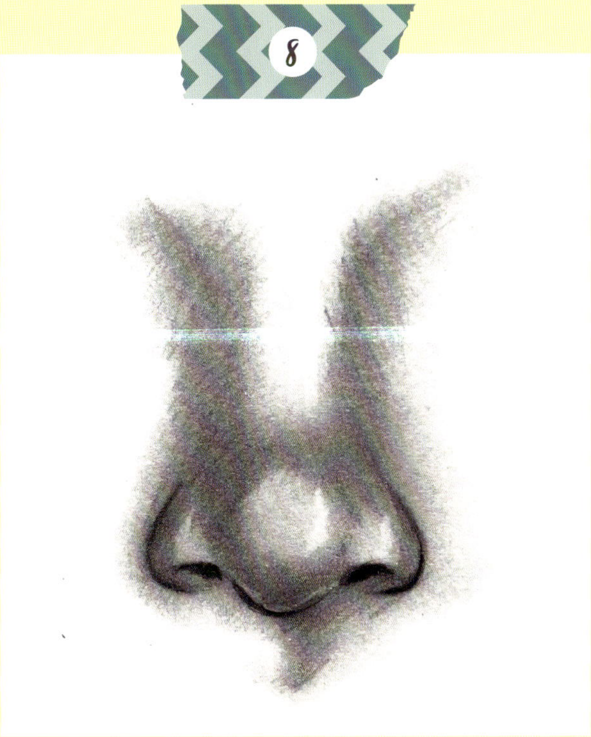

7. Jetzt wiederholen wir das. Schattieren, verblenden. Nasenspitze und Nasenrücken auslassen. Das kannst du so lange machen, bis dir das Ergebnis gefällt. Wichtig ist, dass du nicht direkt aufgibst. Auch wenn deine Skizze blöd aussieht, könnte das Endergebnis noch immer super aussehen.

8. Und wie immer: zum Schluss kannst du noch Highlights einzeichnen oder einradieren.

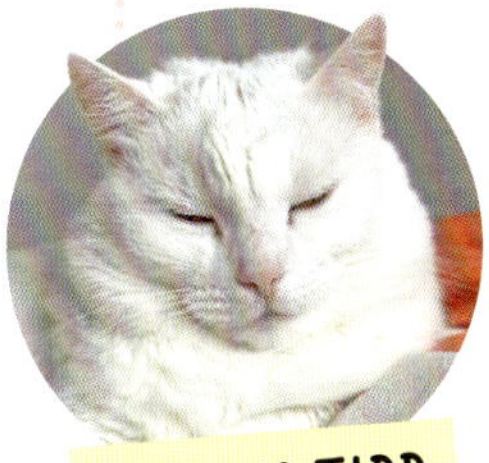

MOLLYS TIPP

Schattiere auch unter der Nase und an den Außenseiten der Nasenflügel. Außerdem kannst du das Philtrum (diese kleine Fläche zwischen Nase und Mund) andeuten.

OHR *zeichnen*

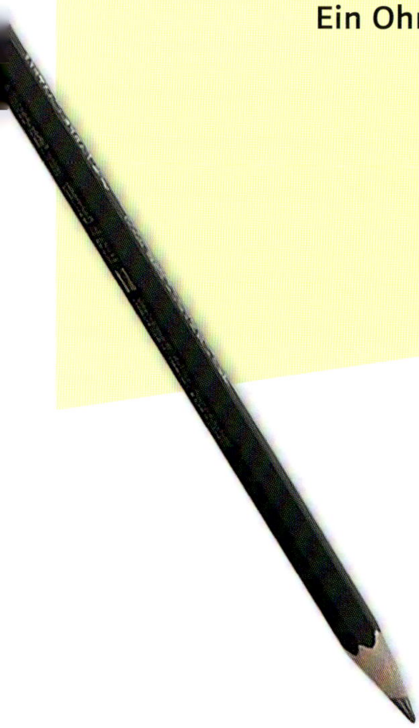

Ein Ohr zeichnen ist fast so schlimm, wie einen Fuß zu zeichnen. Nein, alles gut. Wir kriegen das auf jeden Fall hin.

WAS DU HIERFÜR BRAUCHST:

- Bleistift
- Papier
- Radiergummi
- Radiergummistift

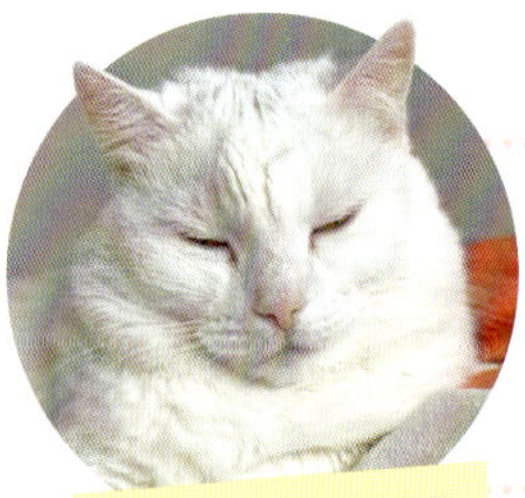

MOLLYS TIPP

Schattiere die dunklen Stellen nochmal nach dem verblenden!

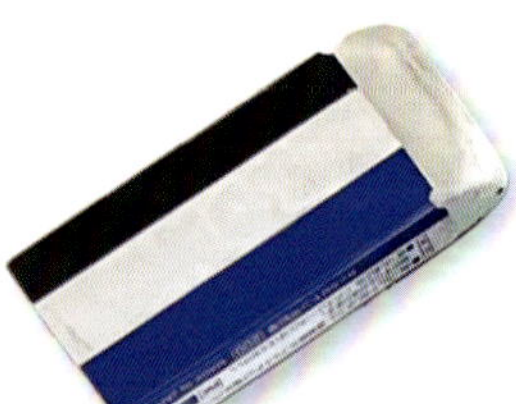

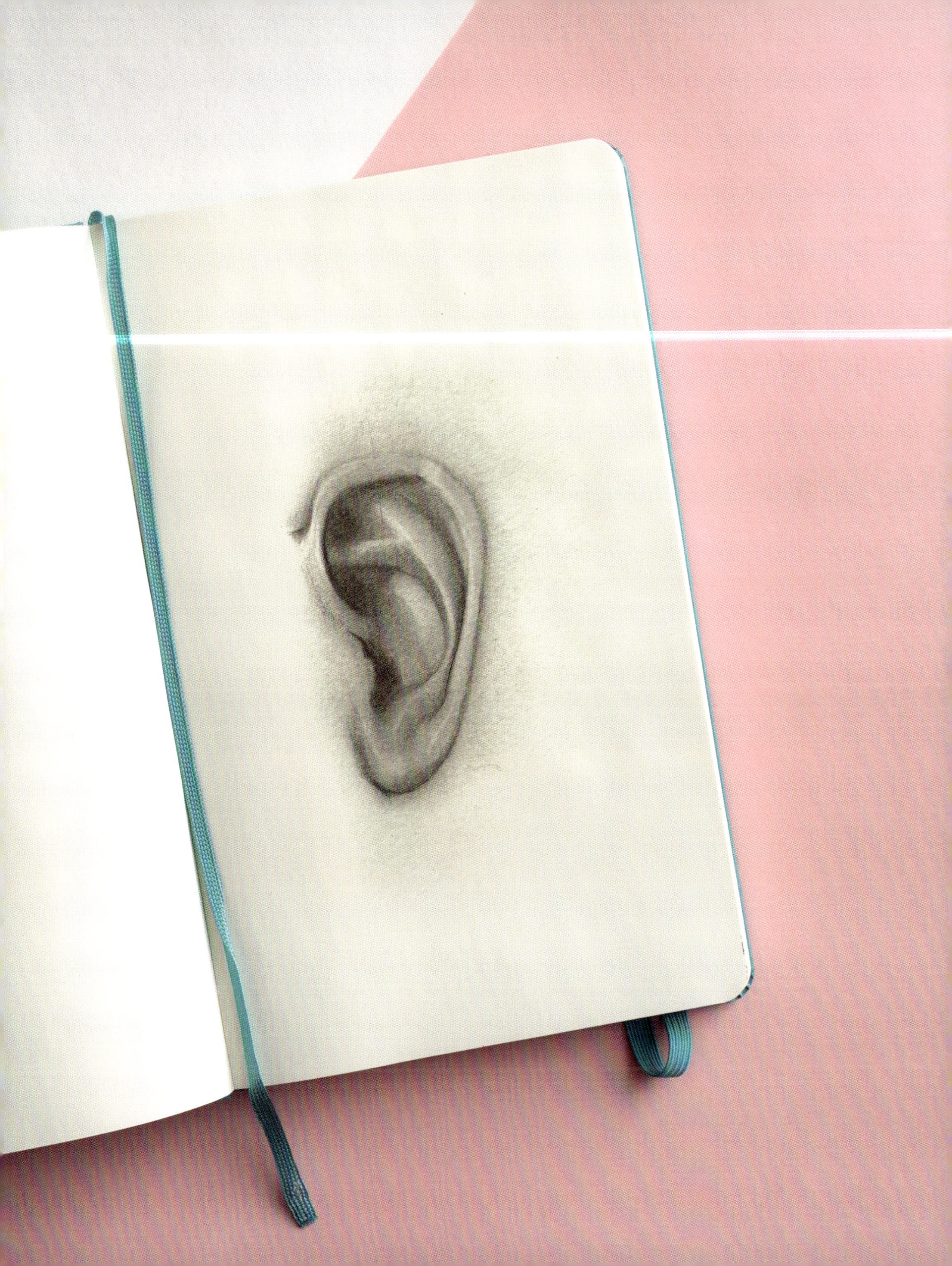

OHR ZEICHNEN

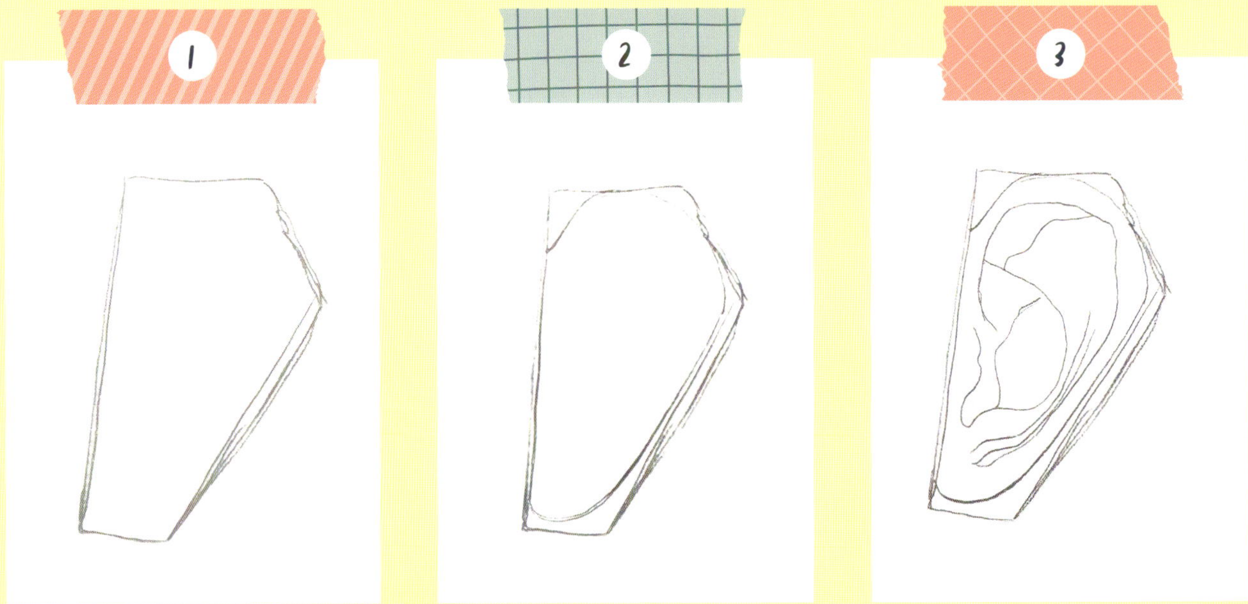

1. Wir fangen mit einer Form an, die aussieht wie ein halber Sarg. Gruselig.

2. In diesen Sarg zeichnest du grob die Umrisse der Ohren ein.

3. Als Nächstes zeichnest du die Linien im Inneren des Ohres. Die Schatten zeichnen wir hier direkt mit ein, da diese ziemlich dunkel sind und wir vorher die Form skizzieren wollen, damit es später beim Ausmalen nicht zu schwer wird.

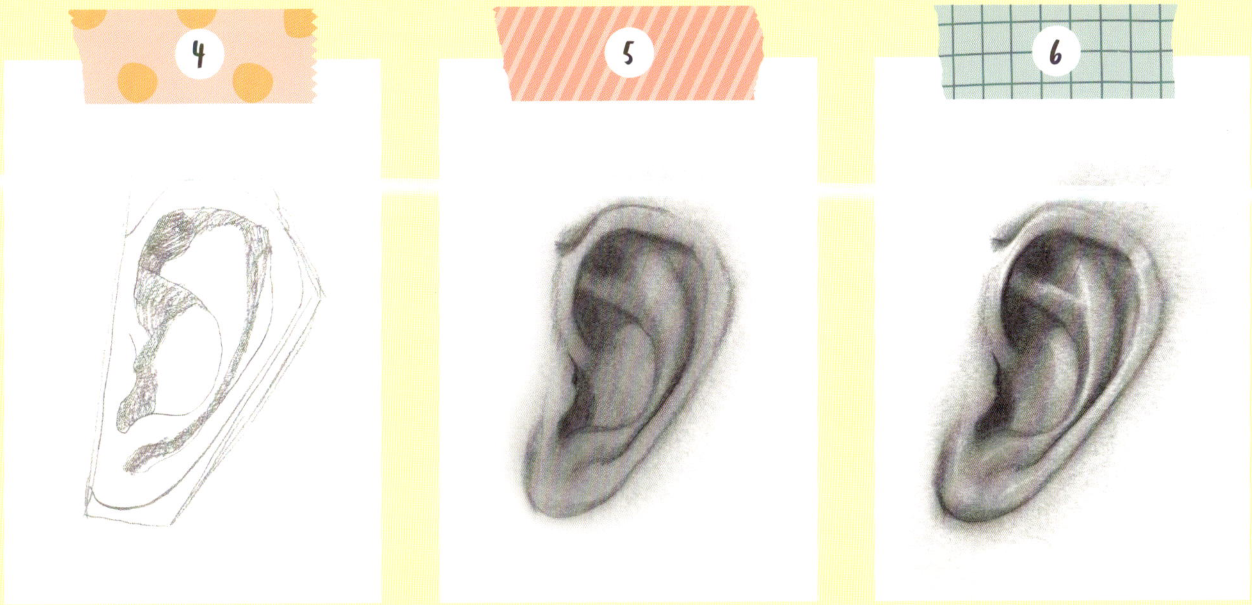

4. Genau diese Schatten kannst du jetzt schon mal ausmalen.

5. Dann verblendest du alles mit einem Wattepad und gehst mit deinem Bleistift nochmal über dieselben Stellen. Beim Verblenden wird immer etwas Pigment von den dunkelsten Stellen weggetragen, deswegen muss man die Stellen im Nachhinein nochmal verdunkeln. Vergiss nicht, die Unterseite des Ohrläppchens zu schattieren. Auch diese kleine Ecke, die das Ohr mit dem Kopf verbindet, kannst du schattieren.

6. Und wie wir das jetzt schon kennen, wiederholst du diese Schritte so lange, bis du zufrieden bist. Schattieren, verblenden und wieder schattieren.

LIPPEN *zeichnen*

Lippen sind nicht ganz so kompliziert wie Nasen. Glaube ich zumindest.

WAS DU HIERFÜR BRAUCHST:

- Bleistift (mindestens 2 verschiedene Stärken, z. B. B, 3B)
- Papier
- Radiergummi
- Radiergummistift
- Wattepad

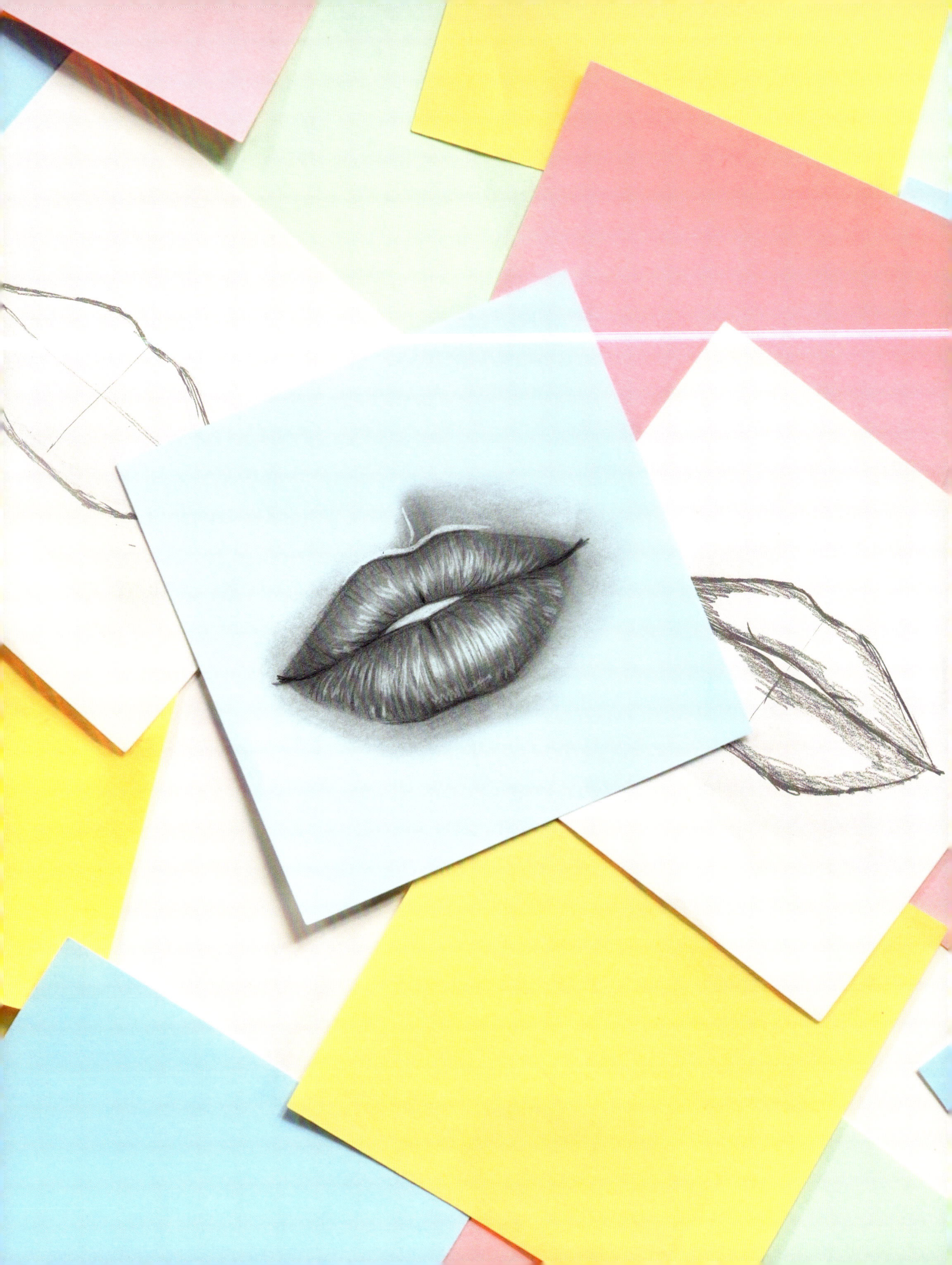

LIPPEN ZEICHNEN

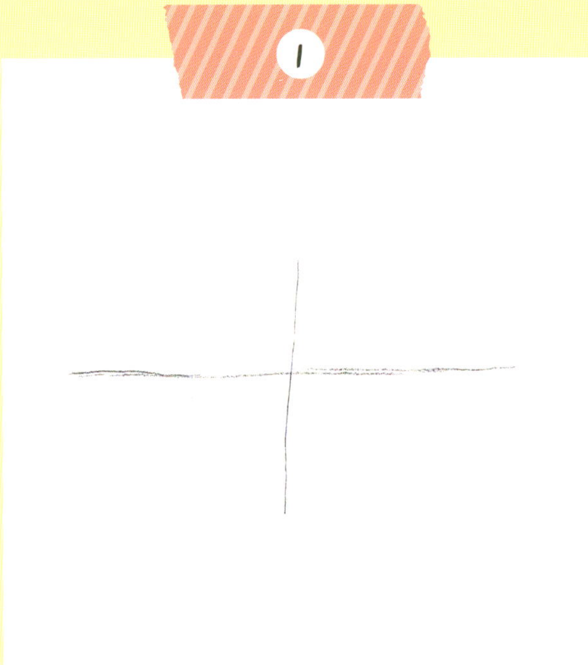

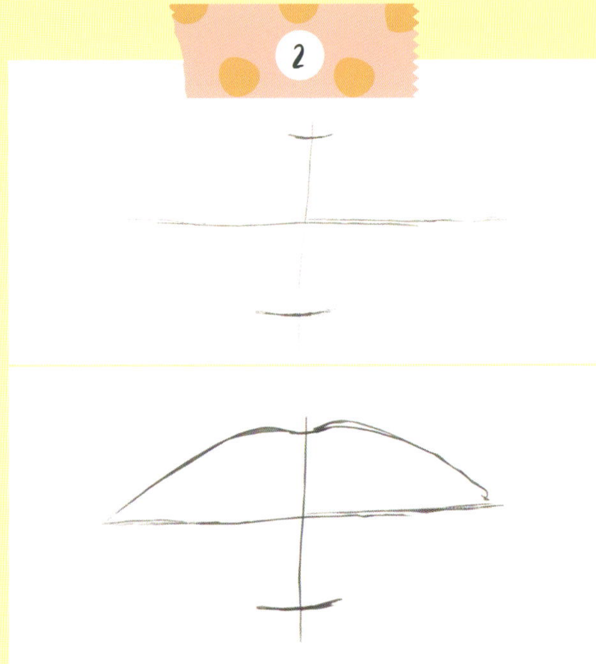

1. Diesmal fangen wir nicht mit einem Kreis an, sondern mit einem Kreuz. Aber bei diesem Kreuz ist die horizontale Linie länger als die vertikale.

2. Auf die vertikale Linie zeichnest du oben einen Bogen und unten einen Bogen. Jetzt kannst du den oberen Bogen mit der horizontalen Linie verbinden. Und das Gleiche machst du mit dem unteren Bogen.

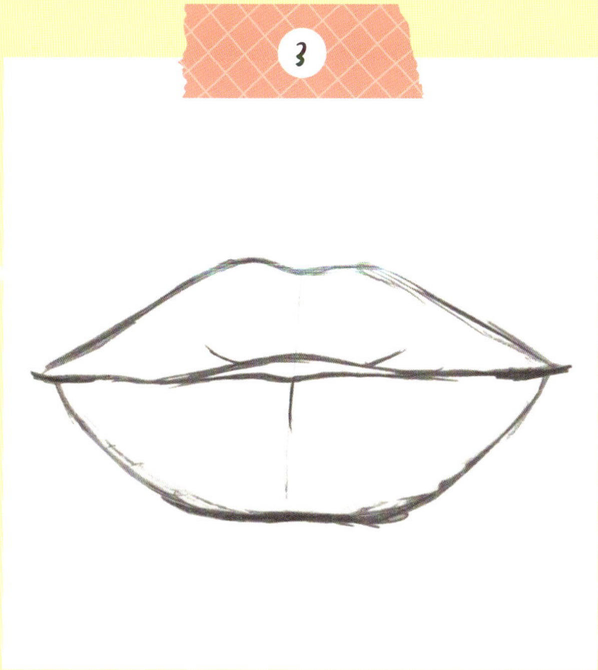

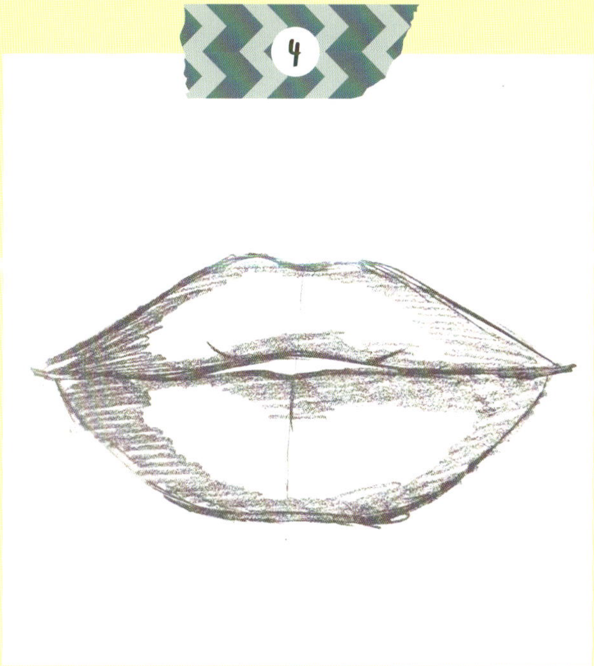

3. Jetzt kannst du in der Mitte entweder einen geöffneten oder auch einen geschlossenen Mund einzeichnen, je nachdem, was du gerade zeichnen möchtest. Bei mir sind die Lippen leicht offen. Du kannst auch noch eine Linie in die Mitte der Unterlippe ziehen. Ich finde immer, so sehen die Lippen etwas voller aus.

4. Fangen wir mit dem Schattieren an. Dafür nimmst du den Bleistift mit der Stärke B und schattierst einmal um die Lippen herum. Dasselbe machst du auch um die Öffnung des Mundes herum.

5

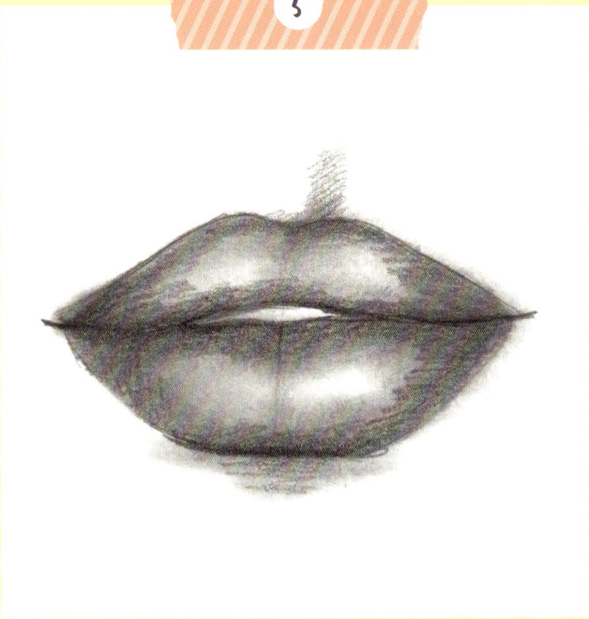

6

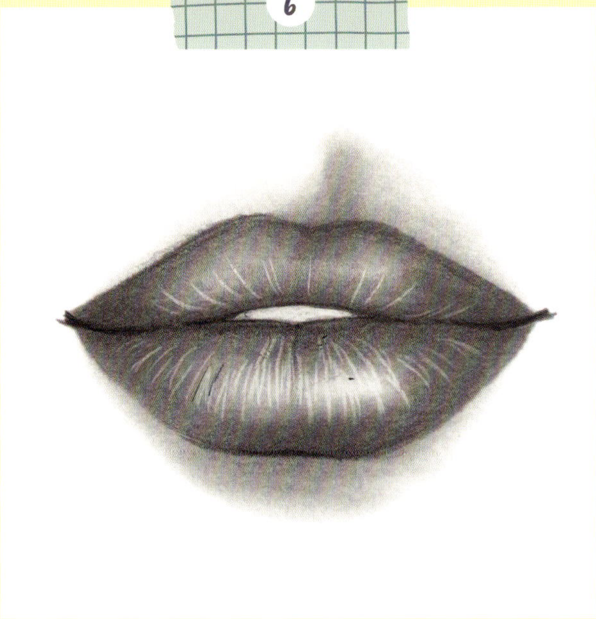

5. Das kannst du jetzt mit einem Wattepad verblenden. Wenn du es noch etwas dunkler möchtest, kannst du diesen Schritt wiederholen. Unter der Unterlippe kannst du auch einen kleinen Schatten einzeichnen. Das Philtrum oberhalb der Oberlippe kannst du auch schon andeuten.

6. Jetzt kannst du deinen Radiergummistift (oder deinen zugeschnittenen Radiergummi) nehmen und kleine Linien von der Mitte des Mundes runter zur Unterlippe und hoch zur Oberlippe ziehen. Die kleinen Linien verblendest du jetzt wieder mit einem Wattepad.

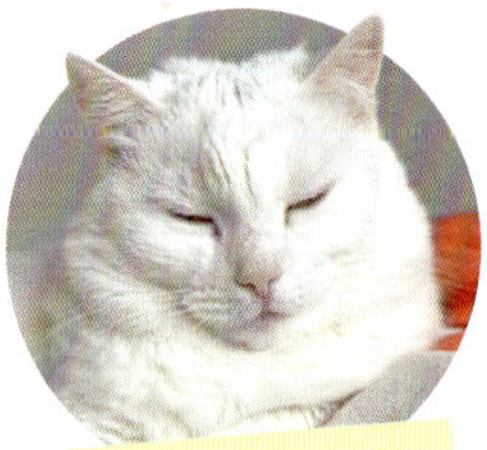

MOLLYS TIPP

Um die Schatten noch dunkler zu machen, gehtst du mit deinem Bleistift in der Stärke 3B noch einmal über die Stellen, die wir ganz am Anfang schattiert haben. So erhellst du mehr Tiefe!

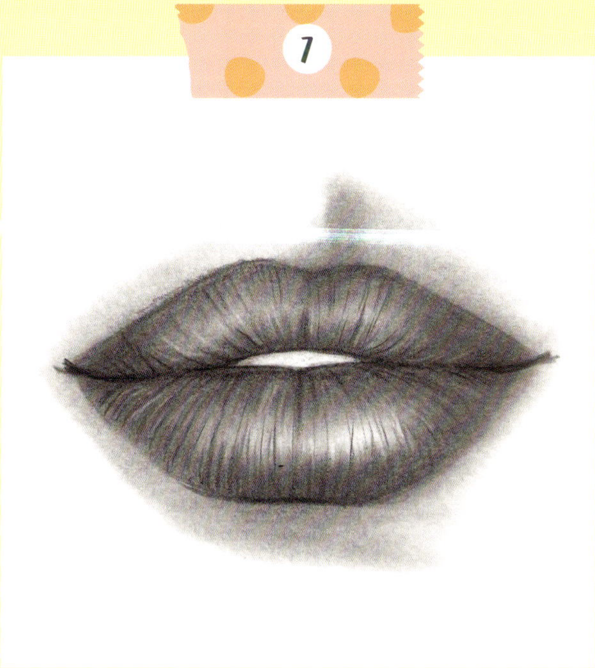

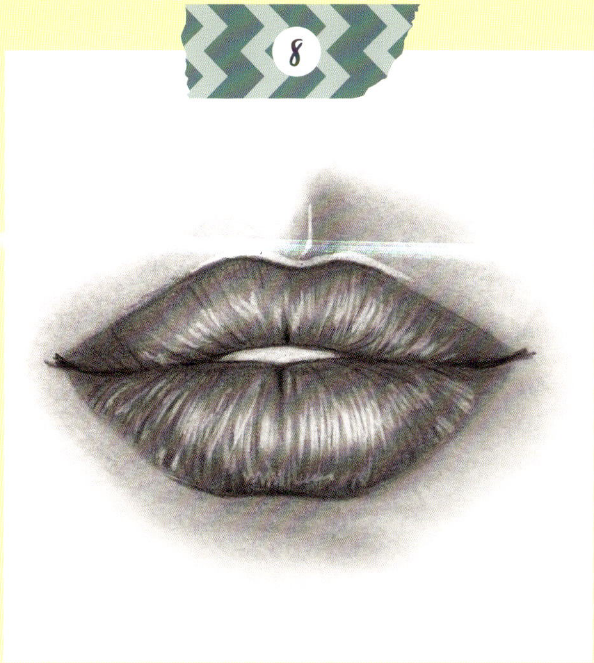

7. Nun kannst du mit einem Bleistift feine Linien da einzeichnen, wo du eben mit deinem Radiergummistift Highlights gesetzt hast. Und du hast es erraten: Jetzt wird noch verblendet!

Diese zwei Schritte wiederholst du so oft, bis du mit dem Ergebnis zufrieden bist. Also: Linien einzeichnen mit Bleistift und Radiergummistift und dann verblenden.

8. Zum Schluss kannst du noch ein paar Highlights auf die Oberlippe und das Philtrum setzen.

AUGENBRAUEN zeichnen

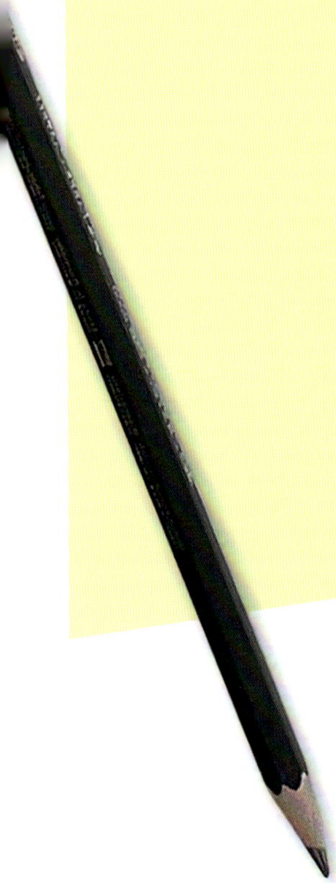

Augenbrauen sind megawichtig, wenn es darum geht, die Stimmung deiner Figur in einem Portrait auszudrücken. Ob traurig, glücklich oder wütend.

WAS DU HIERFÜR BRAUCHST:

- ~ Bleistift (B, 4B)
- ~ Radiergummi

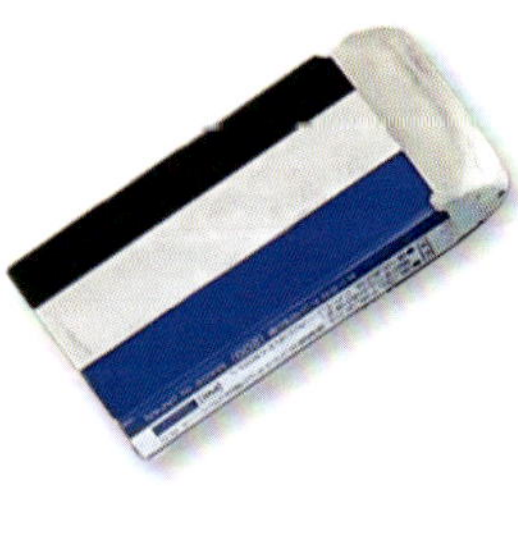

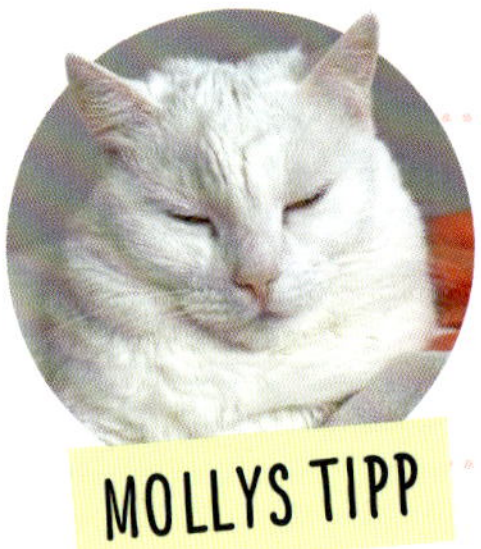

MOLLYS TIPP

Wattepads, Klopapier und Q-Tips sind super zum verblenden!

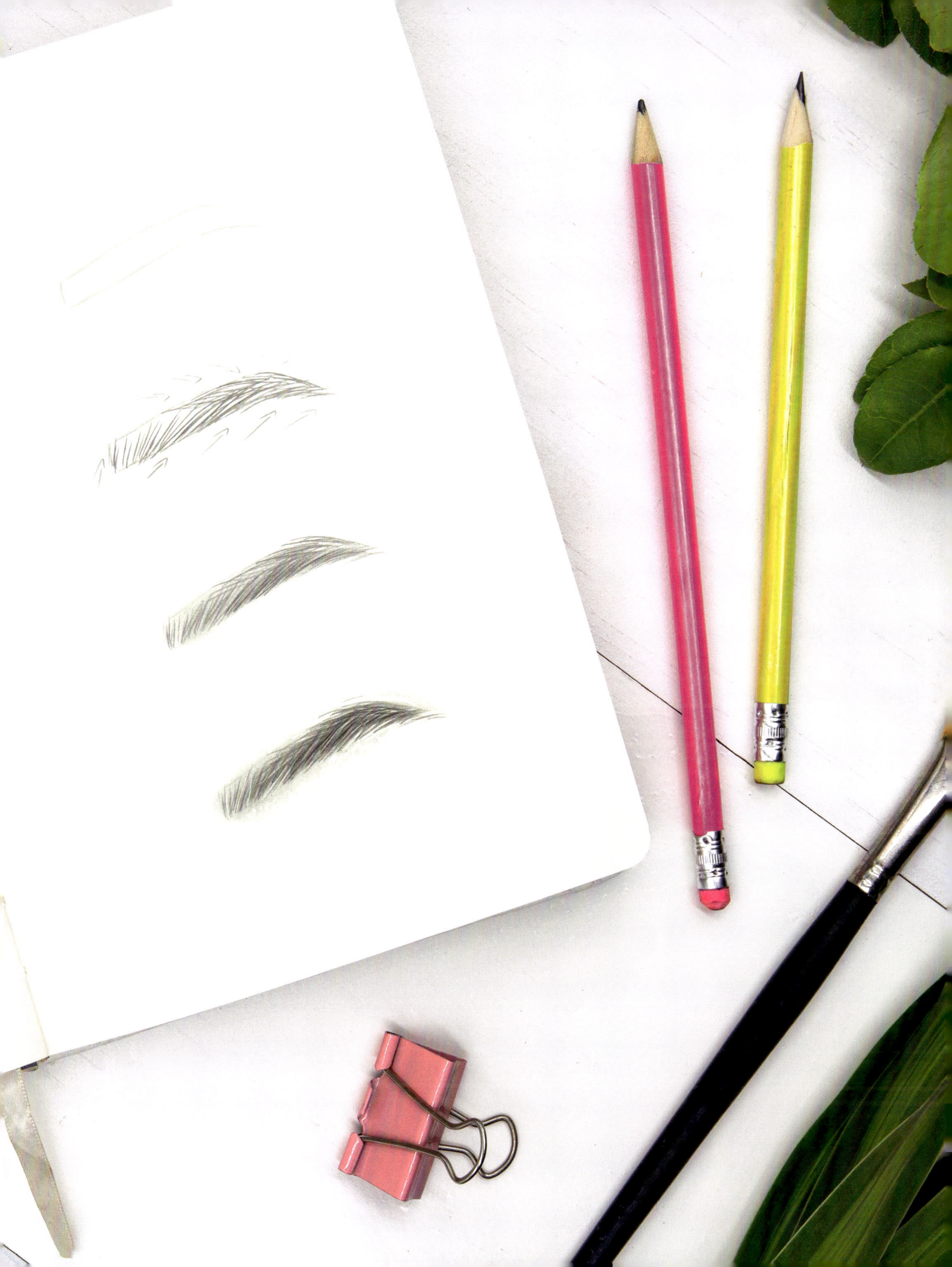

AUGENBRAUEN ZEICHNEN

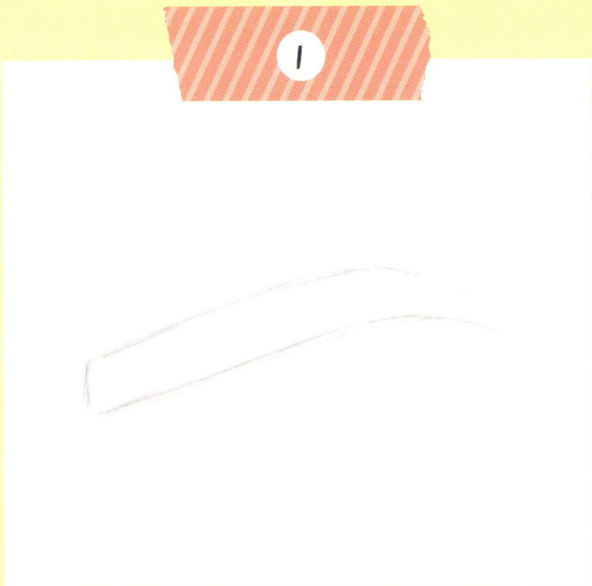

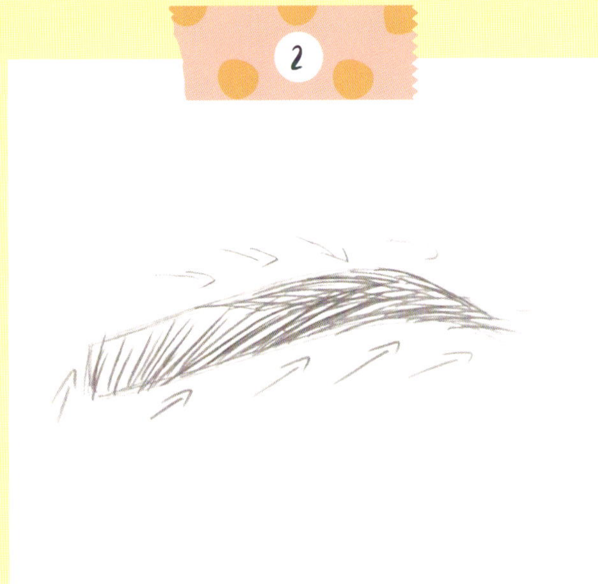

1. Wir fangen erst mal mit der groben Form der Augenbrauen an. Ob dick oder dünn, ist vollkommen dir überlassen. Je nach Belieben kann man Augenbrauen mit Make-up, natürlich, buschig, dünn, gezupft, ungezupft zeichnen. Ich mag es bei meinen Zeichnungen, natürliche, leicht gezupfte Augenbrauen zu zeichnen.

2. Aber wie gesagt, wir fangen erst mal mit der groben Form an. Dann zeichnen wir die Haare einzeln. Wirklich jedes Härchen einzeln. Zeichne keinen dicken Block, der aussieht wie eine Raupe.

Die Wuchsrichtung ist hier besonders wichtig. Ich habe dir mal kleine Pfeile an die Augenbraue gezeichnet, damit du die Wuchsrichtung besser nachvollziehen kannst.

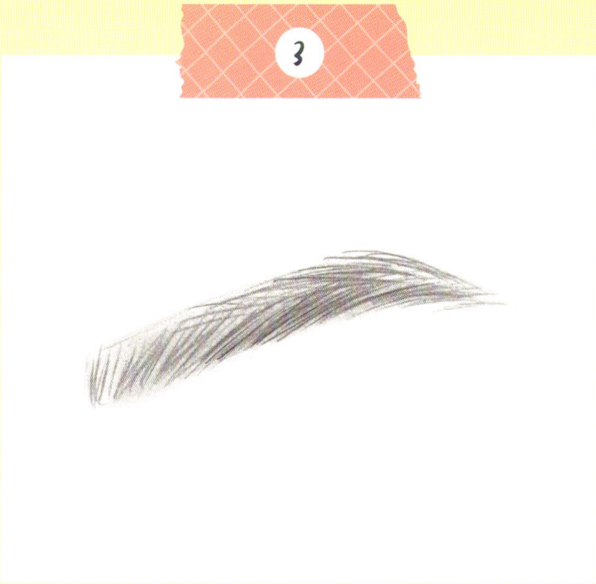

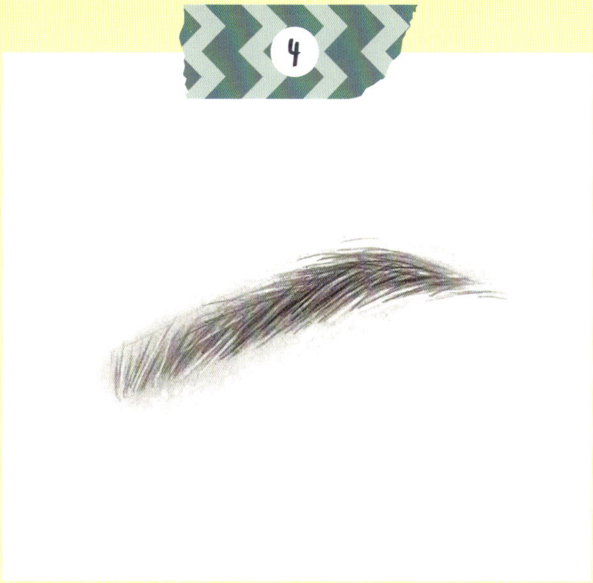

3. Wenn du die erste Schicht Haare gezeichnet hast, kannst du alles mit einem Wattepad verblenden und das Gleiche nochmal machen, bis du zufrieden mit dem Ergebnis bist.

4. Zum Schluss machst du noch mit einem Radiergummistift feine Härchen und Highlights rein.

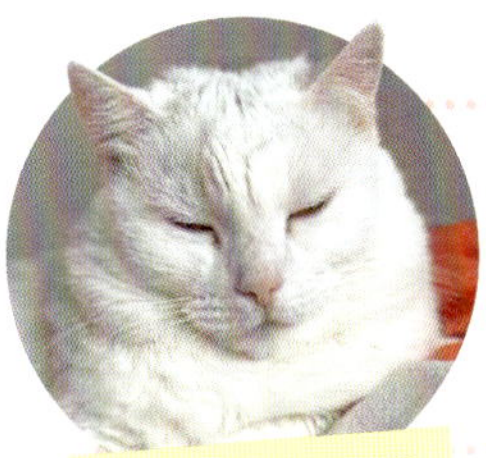

Für ein noch realistischeres Ergebnis kannst du ganz feine dünne Linien über der Augenbraue machen.

MOLLYS TIPP

AUGEN *zeichnen*

Oh Mann, ich liebe es, Augen zu zeichnen! Manchmal zeichne ich ganze Portraits nur, um die Augen zu zeichnen und den Rest einfach zu ignorieren. Deshalb zeige ich dir jetzt, wie man Augen zeichnet: erst die Bleistiftskizze, dann die Koloration.

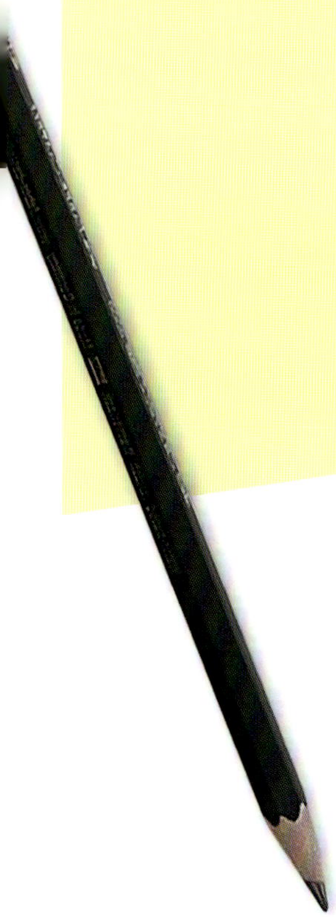

WAS DU HIERFÜR BRAUCHST:

- Bleistift
- Papier
- Knetradiergummi
- Anspitzer
- Buntstifte

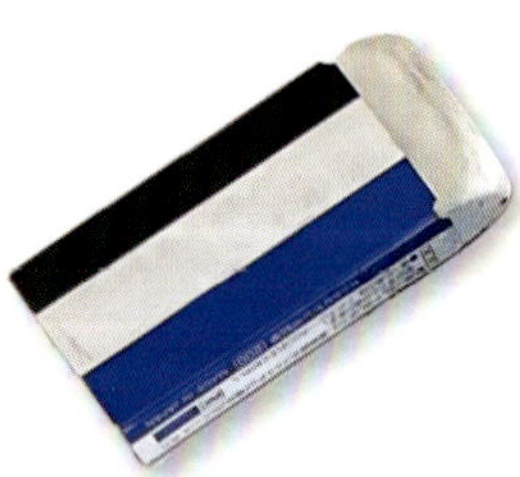

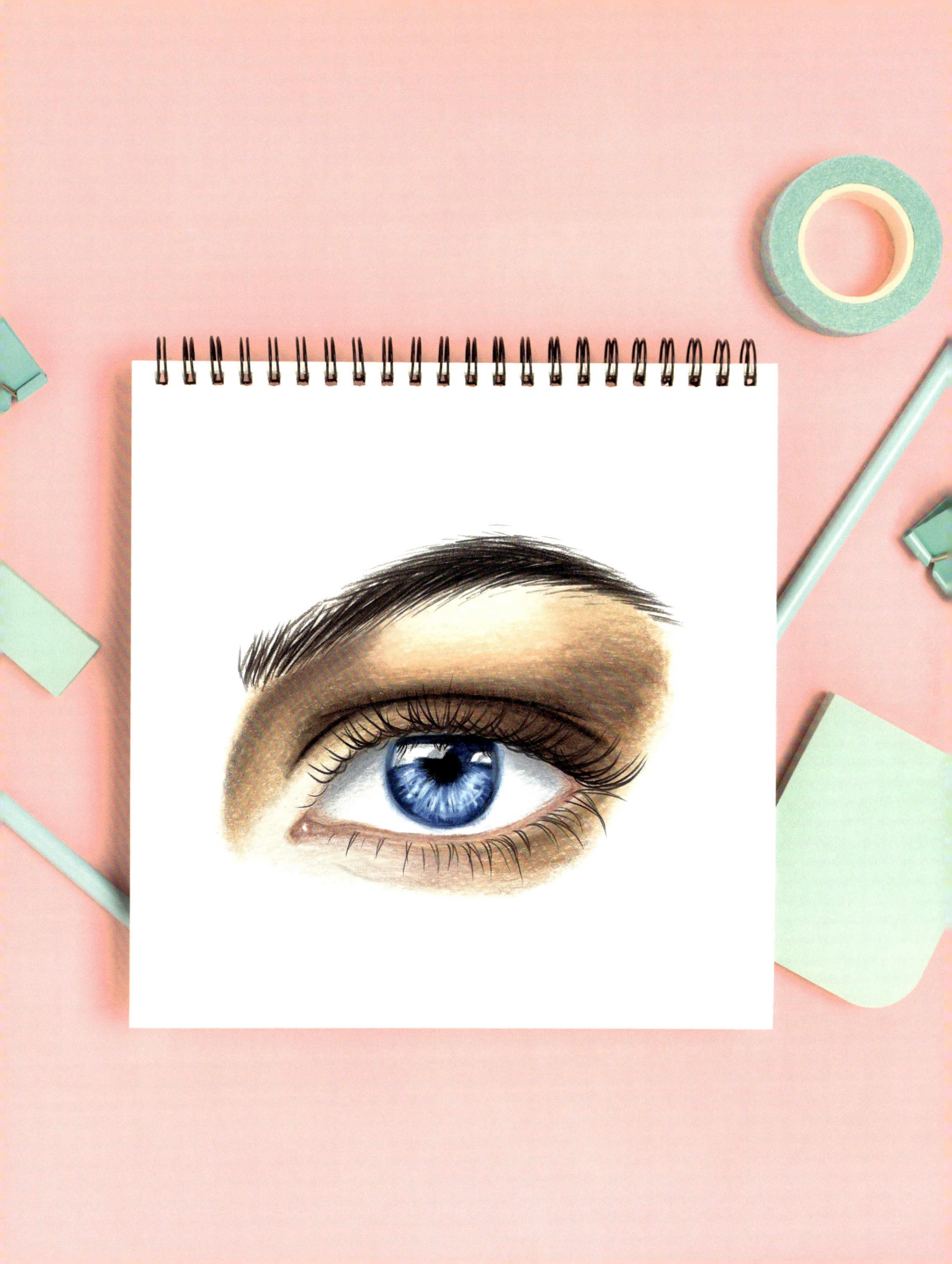

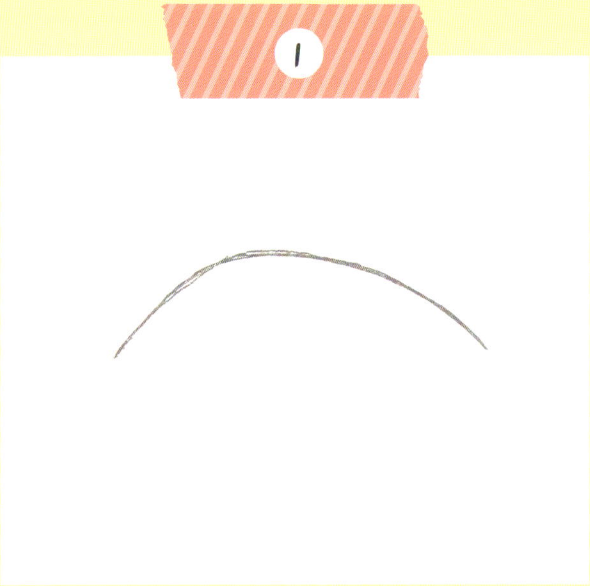

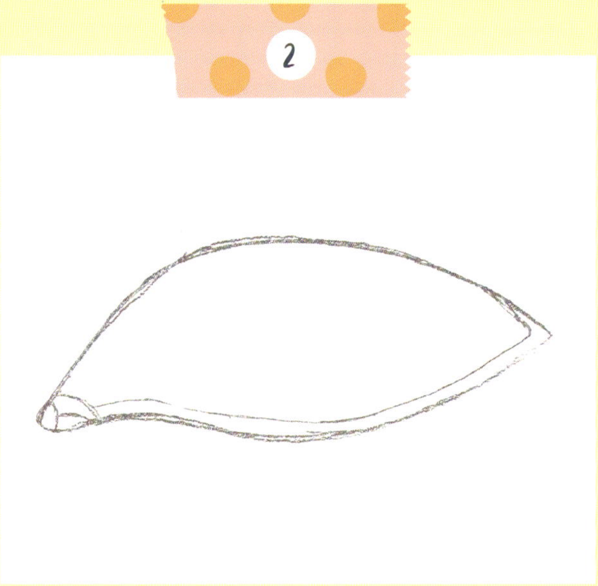

1. Wir haben bis jetzt bei allen Zeichnungen Hilfslinien benutzt. Leider habe ich Augen noch nie mit Hilfslinien gezeichnet, und weiß daher gar nicht, wie man ein Auge mit Hilfslinien zeichnet 😄. Wenn wir später ein Porträt zeichnen, gibt es da die ein oder andere Hilfslinie, die einem zeigt, wo im Gesicht die Augen sitzen. Aber für ein Auge allein bringe ich es dir ohne bei!

Also: Du machst erstmal einen Bogen. Das wird das obere Lid.

2. Dieser Bogen geht auf der linken Seite in die Tränendrüse über und anschließend in das untere Lid. Das kleine Nüpsi am Auge im Lidwinkel nennt man Tränenwärzchen. Da ich diesen Begriff total schrecklich finde, nennen wir das Ding einfach Nüpsi. Denn der nächste Schritt ist nämlich, dieses kleine Nüpsi einzuzeichnen 🙂.

Von diesem kleinen Nüpsi aus zeichnest du jetzt die Wasserlinie in das untere Lid.

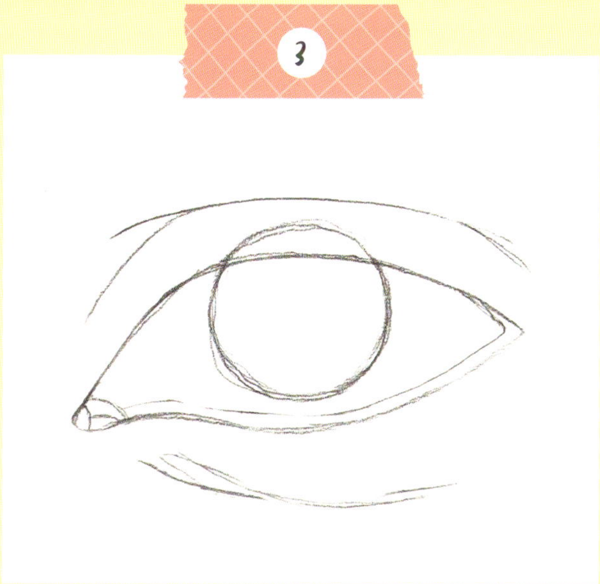

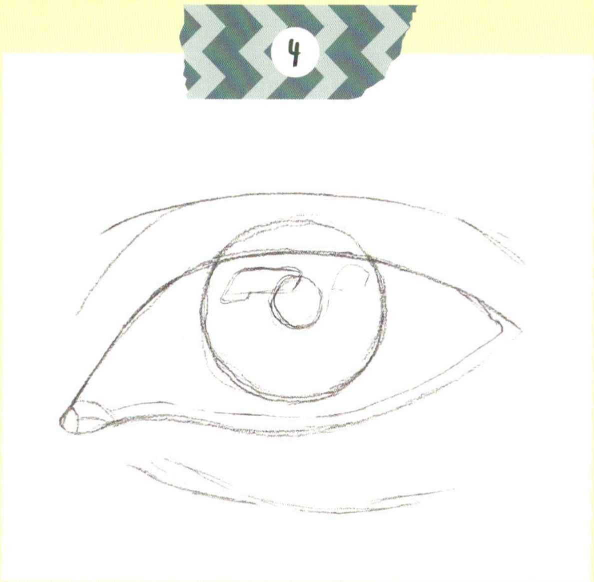

3. Als Nächstes zeichnest du die Lidfalte ein. Hierbei musst du beachten, dass sich die Haut um den Augapfel legt; also sind die Seiten der Lidfalte nach unten geneigt. Auch unter dem unteren Lid sind kleine Fältchen, die du einzeichnen kannst.

Die einzige Hilfslinie benutzen wir bei der Iris. Da die Iris mittig auf dem Augapfel liegt, und wir ja nicht den ganzen Augapfel sehen können und ein Teil der Iris von dem oberen Lid verdeckt ist, zeichnen wir einen ganzen Kreis, um die Winkel richtig darstellen zu können. Sonst würde es so wirken, als würde die Iris aus dem oberen Lid wachsen. Ich hoffe das hat jetzt Sinn gemacht 😁.

4. In die Iris kommen nun die Pupille und ein paar Lichtreflexe, dann kannst du auch schon den oberen Teil vom Kreis wegradieren.

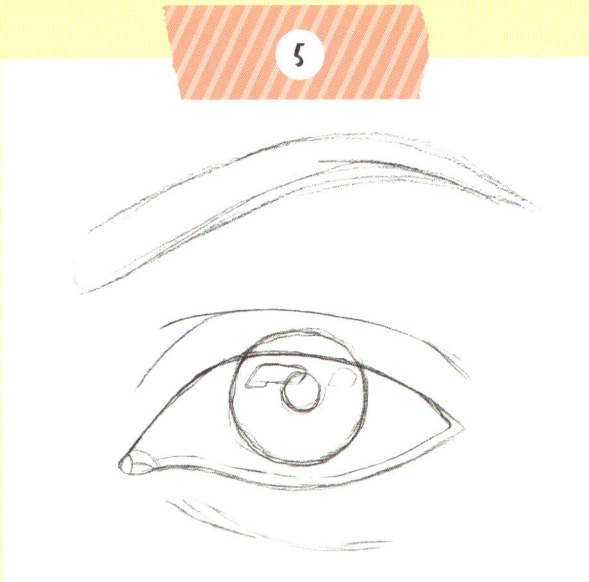

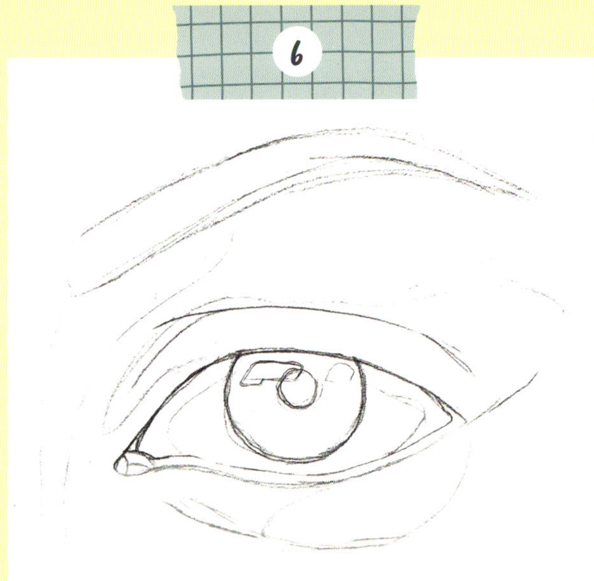

5. Die Augenbraue kannst du so zeichnen, wie du sie schön findest. Dünn, dick, gezupft, natürlich, geschminkt. Ich male sie immer so wie ich es in dem Moment schön finde.

6. Ich habe dir eingezeichnet, wo wir jetzt, in den nächsten Schritten, die Schatten setzen werden. Falls dir das hilft, kannst du die Schatten auch vorskizzieren.

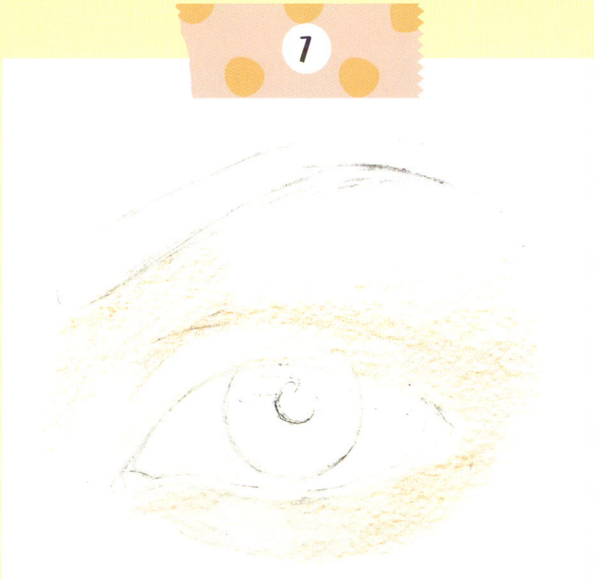

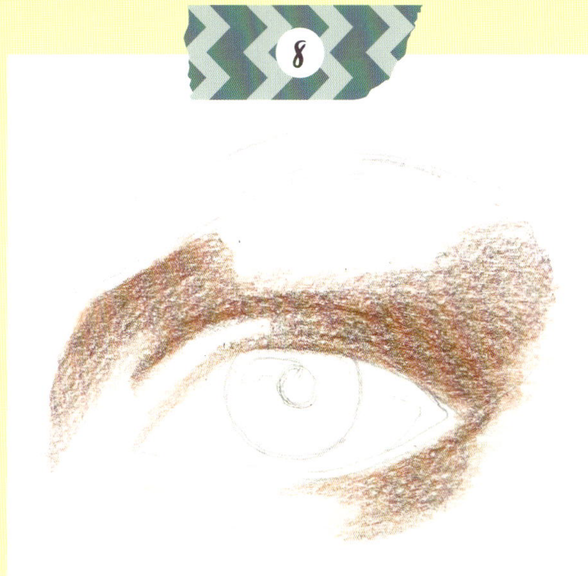

7. Ich habe mir ein paar Braun-, Beige- und Rottöne ausgesucht, die ich für die Haut benutzen will, da wir jetzt mit Farbe arbeiten werden. Vergiss nicht mit einem Knetradiergummi deine Skizze etwas zu radieren, damit die Bleistiftlinien nicht durch die Buntstifte scheinen.

Du fängst mit dem hellsten Buntstift an und grundierst damit die Flächen wo wir die Schatten einskizziert hatten.

8. Jetzt arbeitest du dich bis zu deinem dunkelsten Ton durch. Was du beachten musst ist, dass je dunkler die Farbe, die du benutzt, wird, desto vorsichtiger solltest du sie benutzten. Das bedeutet, dass du die dunklen Töne auch nur da benutzt wo die Schatten am dunkelsten sind.

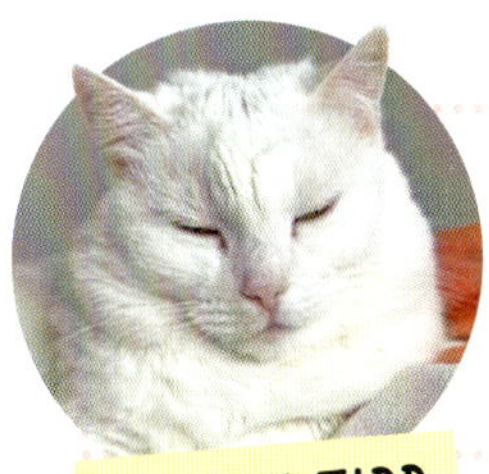

MOLLYS TIPP

Arbeite umso vorsichtiger, je dunkler die Farbe ist, die du benutzt.

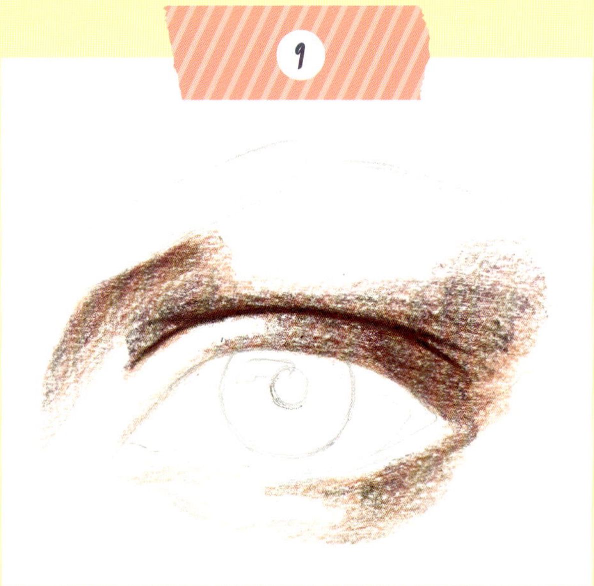

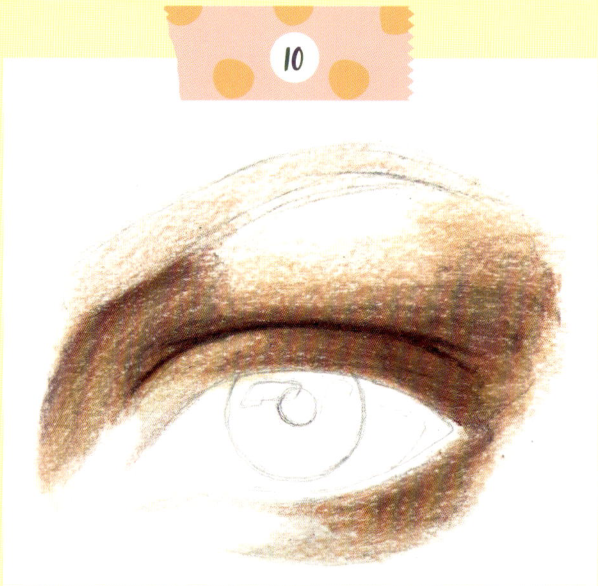

9. Mit Dunkelbraun zeichnest du jetzt die Lidfalte und schaffst damit einen schönen Kontrast.

10. Um das Ganze zu verblenden, benutzt du immer mal wieder deinen hellsten Farbton.

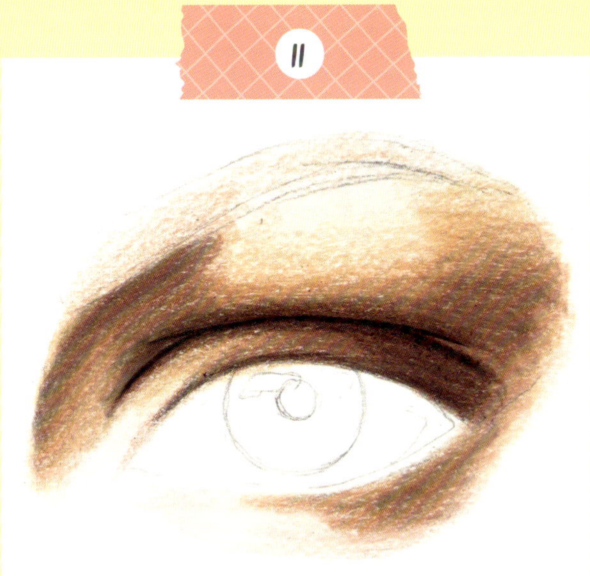

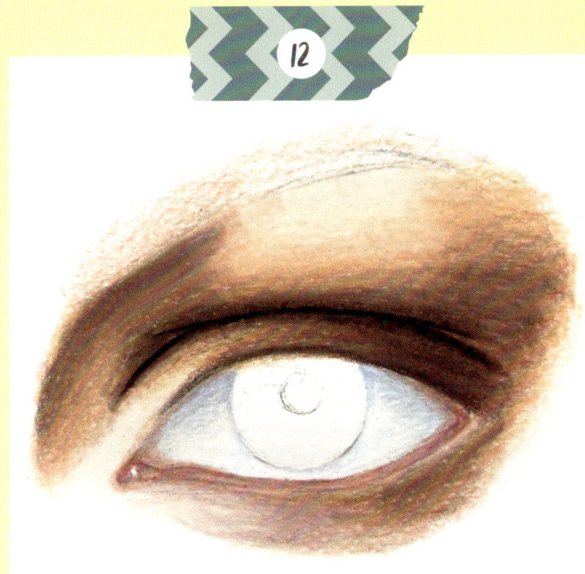

11. Genau wie bei den Bleistiftzeichnungen, wiederholst du diese Schritte so lange, bis kein Papier mehr durchscheint.

12. Unter dem unteren Lid ist die Haut manchmal etwas gerötet. An dieser Stelle kannst du mit einem hellen Rosa arbeiten.

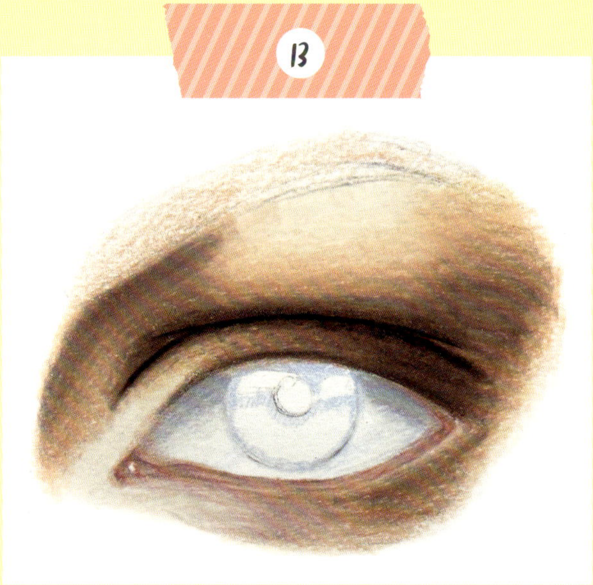

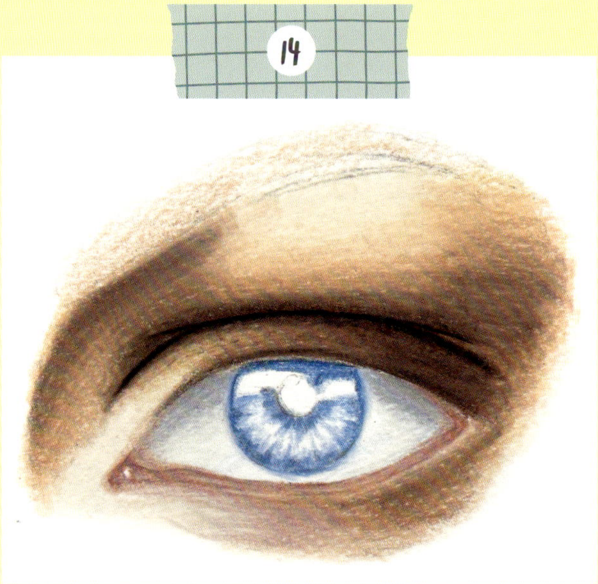

13. Ganz essentiell ist auch, dass du den Augapfel schattierst. Wenn du dir ein paar Referenzbilder anschaust, fällt dir bestimmt auf, dass der Augapfel nie komplett weiß ist. Grautöne, Blautöne, Rot-, und Rosatöne kannst du hier benutzen. Wichtig ist auch, die Wasserlinie. Hierfür kannst du ein leichtes Rosa benutzen.

14. Kommen wir zum spaßigsten Part am Auge: Die Iris. Ich habe mich für Blau entschieden und mit einem ganz hellen Blau angefangen. Die Mitte der Iris sowie die Lichtreflexe kannst du erst mal freilassen.

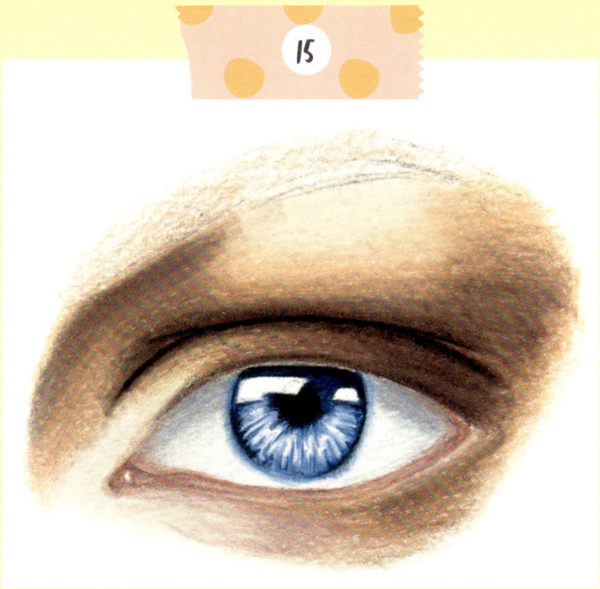

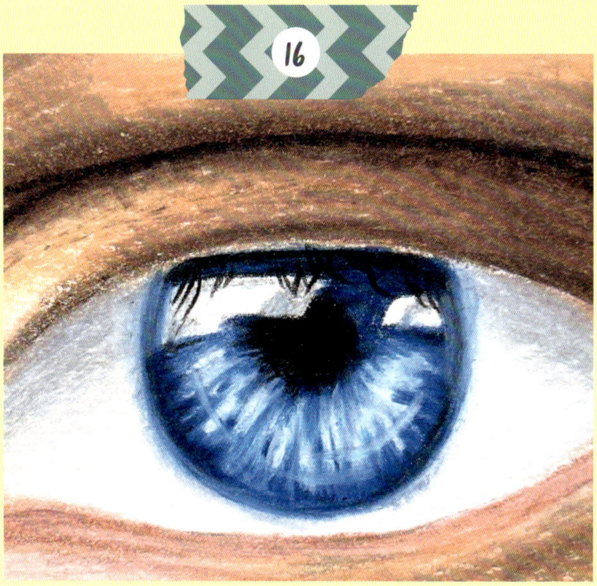

15. Bei der Iris musst du beachten, dass das obere Lid einen Schatten wirft. Das heißt, dass die Iris an der Stelle, wo sie mit dem oberen Lid in Berührung kommt, am dunkelsten ist. Mit einem dunkleren Blau kannst du jetzt über das helle Blau gehen, wobei du in verschiedenen Abständen Linien von der Außenseite der Iris zur Pupille ziehst, und von der Pupille zur Außenseite der Iris. Das Ganze verblendest du mit deinem Hellblau.

Diese Schritte wiederholst du so lange, bis du bei deinem dunkelsten Ton angekommen bist. Die Mitte lässt du aber immer aus.

16. Als nächstes kannst du die Pupille mit Schwarz ausmalen. Die Mitte der Iris, die wir ausgelassen haben, kannst du jetzt vorsichtig mit kleinen Linien in Richtung Pupille verfeinern.

Der letzte Schritt für die Iris ist, leichte Schatten mit einem hellen Grau in die Lichtreflexe zu malen, und du kannst die Reflexion der Wimpern in die Iris zeichnen.

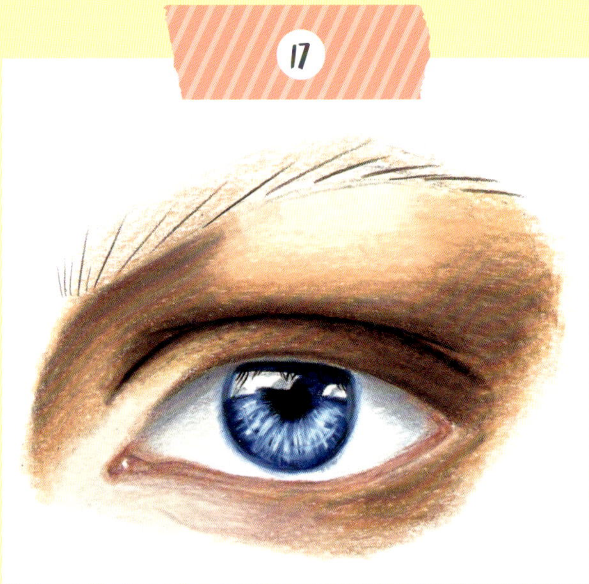

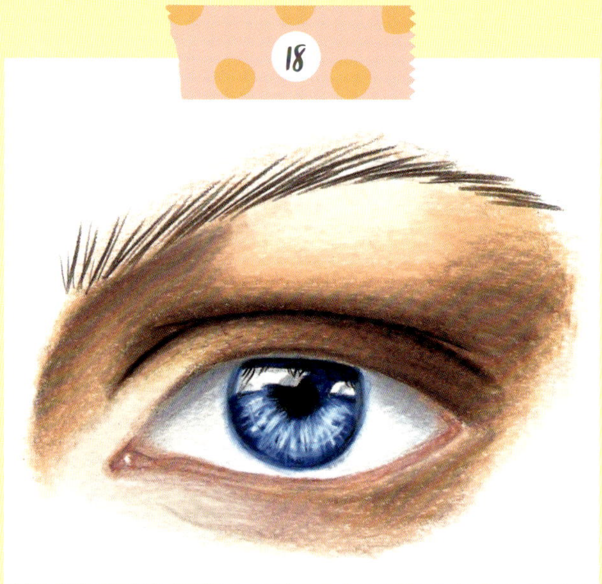

17. Bei den Augenbrauen kannst du mit einem dunklen Braun anfangen. Die Schritte sind genau die gleichen wie bei einer Bleistiftzeichnung, außer dass du hier nicht mit einem Wattepad verblenden musst.

18. Wenn du mit dem dunklen Braun die Augenbraue grundierst hast, kannst du mit Schwarz das Gleiche nochmal machen 😁

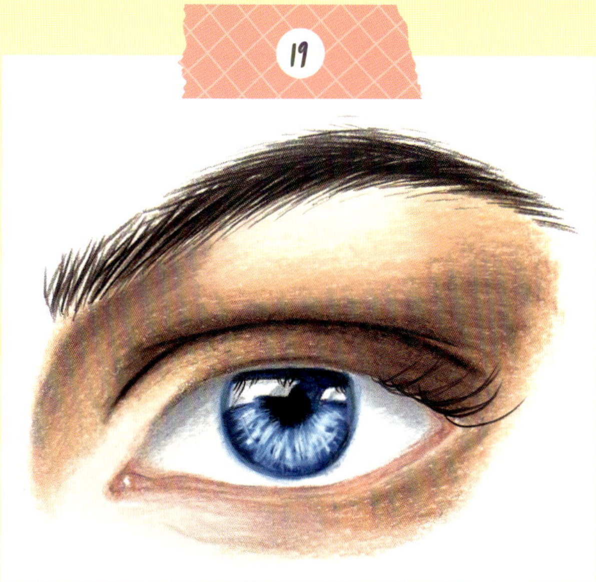

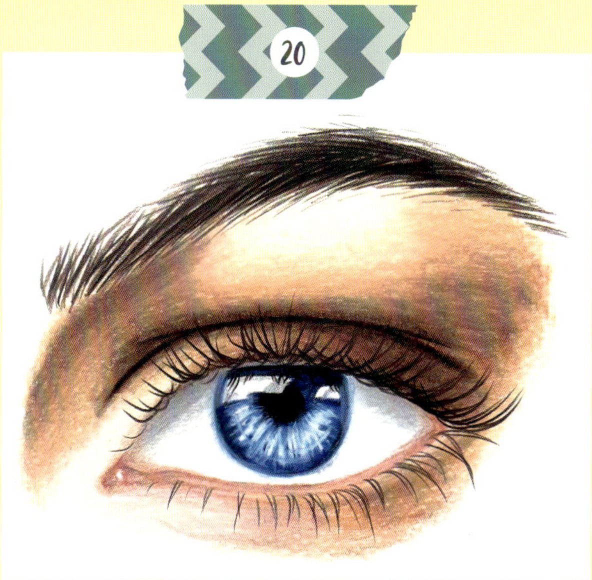

19. Für die Wimpern spitzt du deinen schwarzen Buntstift richtig gut an. Ich fang immer von der rechten Seite an und arbeite mich bis zum Nüpsi vor. Du ziehst die Wimpern locker aus dem Handgelenk vom Lid hoch zur Lidfalte. Dabei kannst du sie auch etwas ins Auge ragen lassen.

20. Die Wimpern am untern Lid sind etwas kürzer und nicht ganz so dicht wie die oberen. Auch kannst du die Wimpern hier überkreuzen.

Und fertig ist dein Auge! Du kannst jetzt noch mit einem weißen Gelstift Highlights setzen.

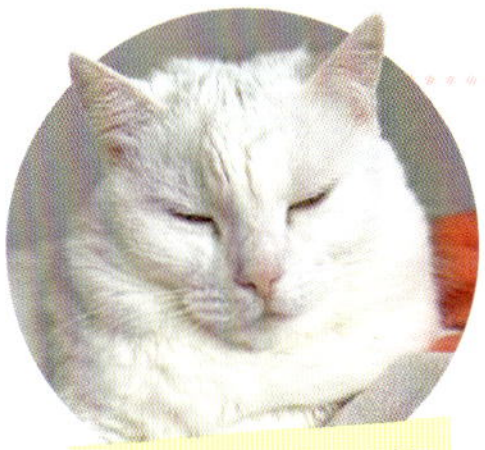

MOLLYS TIPP

Passe die Wimpern der Krümmung des Lides an. Also: Die Wimpern auf der rechte Seite der Augen ziehst du nach rechts, die in der Mitte nach oben und die links nach links.

HAARE *zeichnen*

Haare zu zeichnen ist sehr wichtig, wenn man Porträts zeichnen möchte. Damit dein Bild etwas lebendiger aussieht, reicht es schon, wenn ein paar Haarsträhnen ins Gesicht fallen.

WAS DU HIERFÜR BRAUCHST:

- Bleistifte (Stärken B, 3B, 4B, 6B)
- Druckbleistift
- Radiergummistift
- Wattepad
- Wattestäbchen

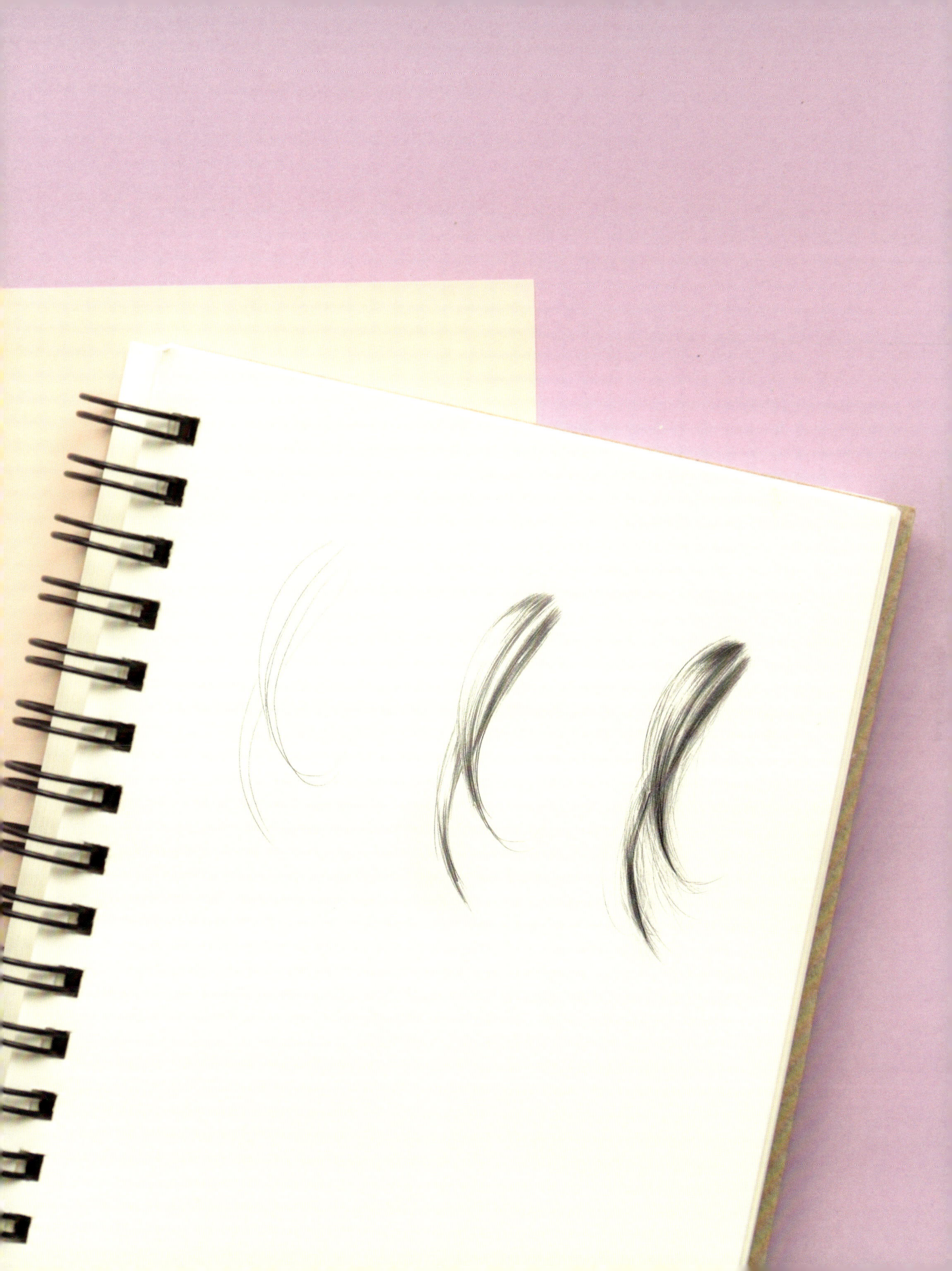

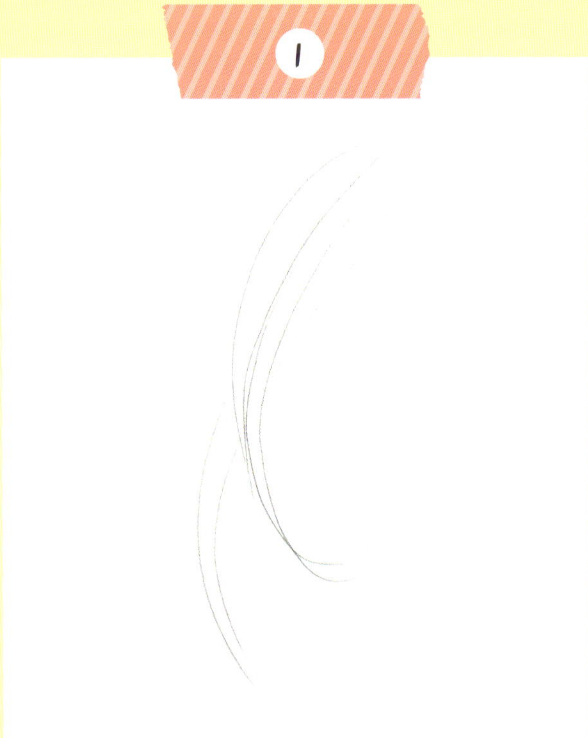

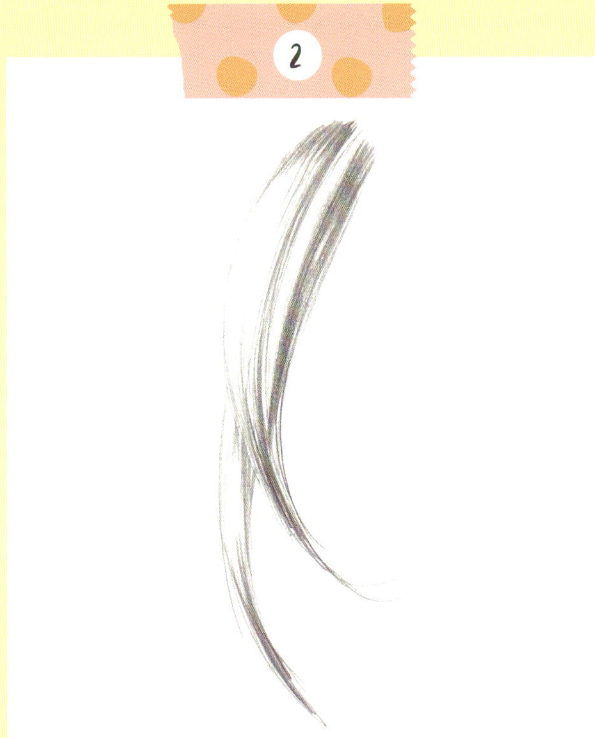

1. Üben wir mal Haare zeichnen mithilfe einer einzelnen Strähne. Du kannst damit anfangen deine Form vorzuzeichnen. In welche Richtung geht die Strähne? Wie lang soll sie sein? Glatt, gewellt oder doch lockig? Machen wir es uns einfach und zeichnen eine glatte Strähne.

2. Wenn du deine Form hast, zeichnest du einzelne Linien in die Form ein. Aber: Lasse die Stellen aus, wo das Licht draufstrahlt. Unter und über der hellsten Stelle sind dann die Schatten.

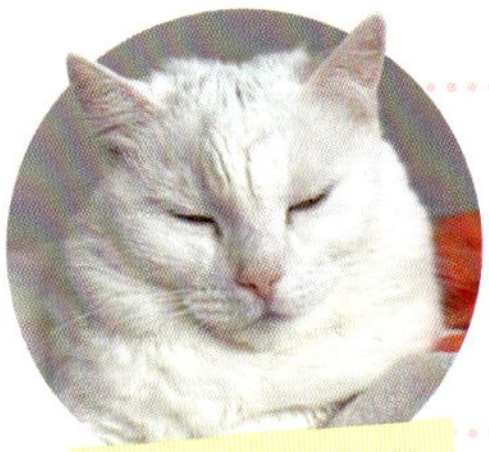

MOLLYS TIPP

Highlights sitzen bei Haaren an den Stellen, die in Richtung Licht gebogen sind.

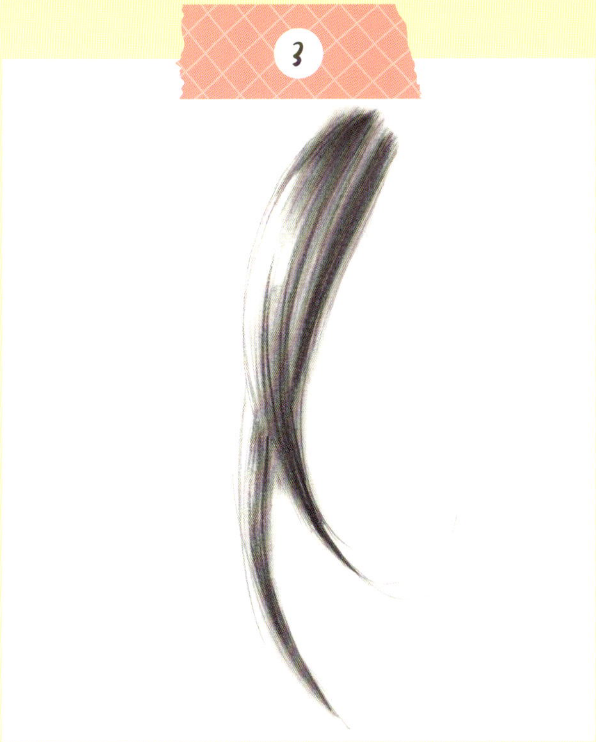

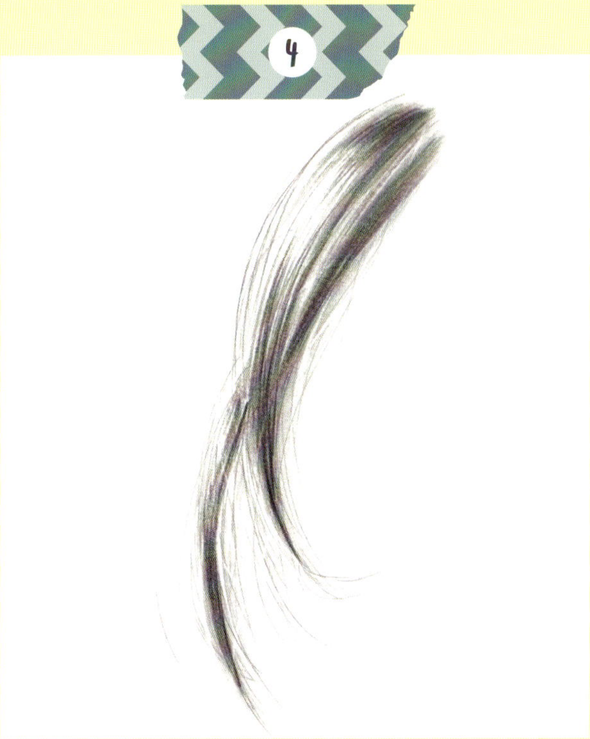

3. Jetzt kannst du alle Linien verblenden.

4. Nun kannst du mit deinem Radiergummistift an der hellsten Stelle feine Linien hinzufügen. Und wie schon so oft: Diese Schritte wiederholst du jetzt, bis du mit dem Ergebnis zufrieden bist.

Ganz zum Schluss kannst du mit einem Druckbleistift feine Linien auch außerhalb deiner Strähne ziehen. Das macht einen RIESEN unterschied. Jetzt kannst du mit dem Radiergummistift feine Linien einradieren.

HAARZOPF zeichnen

Einen geflochtenen Zopf zu zeichnen klingt schwieriger, als es ist! Das kriegst du locker hin.

WAS DU HIERFÜR BRAUCHST:

- Bleistift (B, 4B)
- Radiergummi

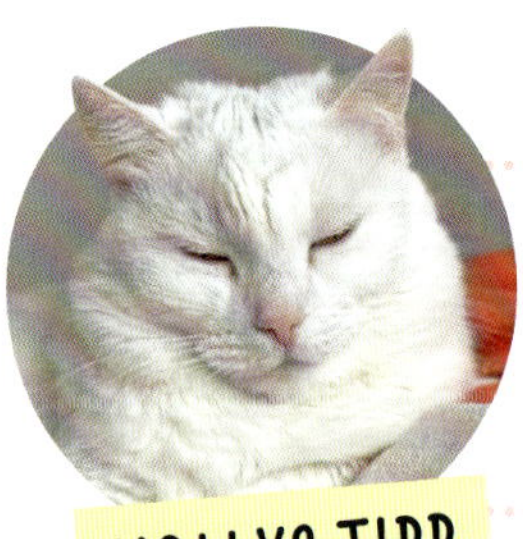

MOLLYS TIPP

Feine lose Haare sorgen für ein realistischeres Ergebnis!

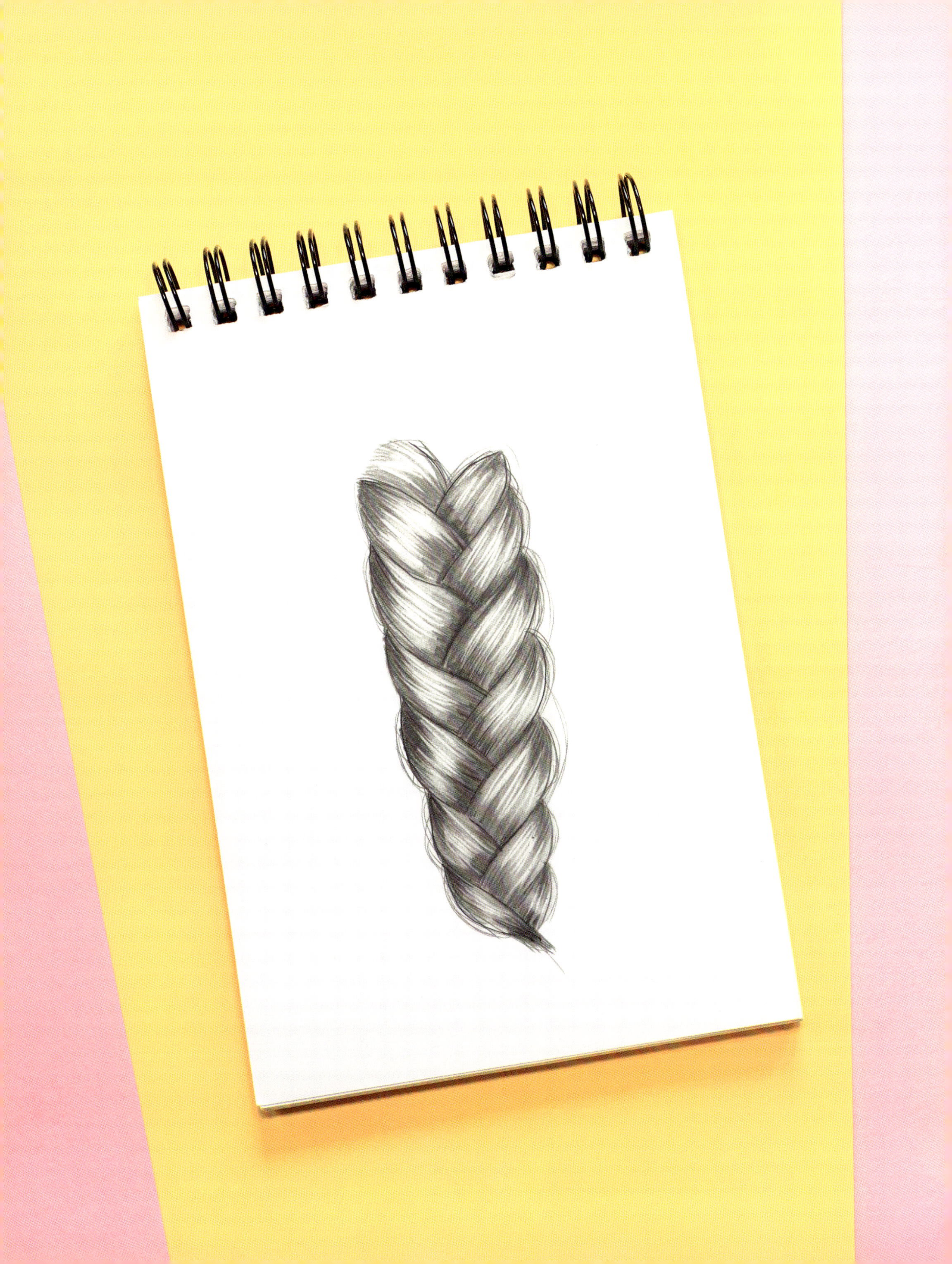

HAARZOPF ZEICHNEN

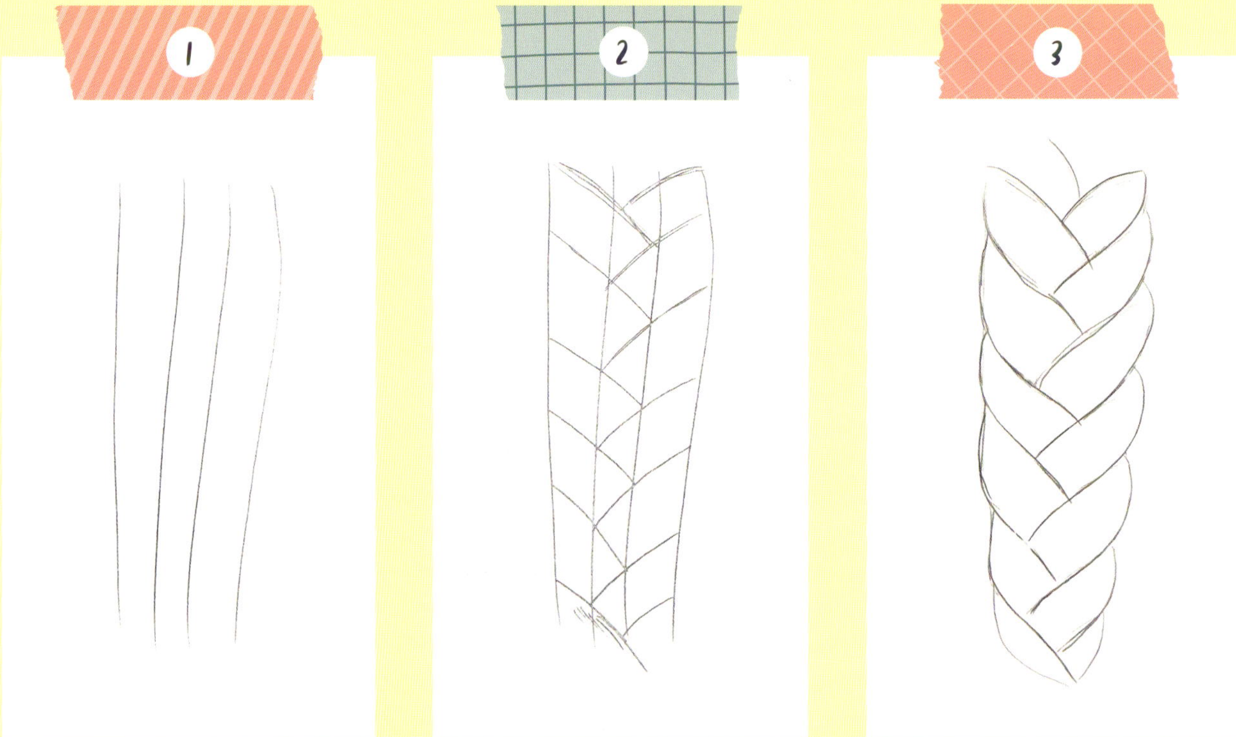

1. Fang damit an, vier Linien senkrecht nach unten zu ziehen.

2. Als Nächstes zeichnest du immer von links zur Mitte und von rechts zur Mitte Linien so, dass sie sich überlappen.

3. Nun besserst du die Linien aus, radierst die Hilfslinien weg und gibst dem ganzen noch etwas Form.

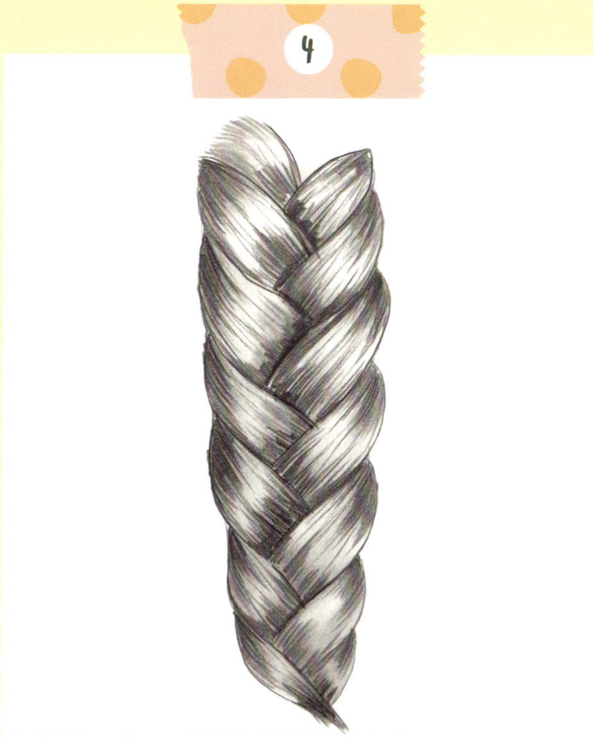

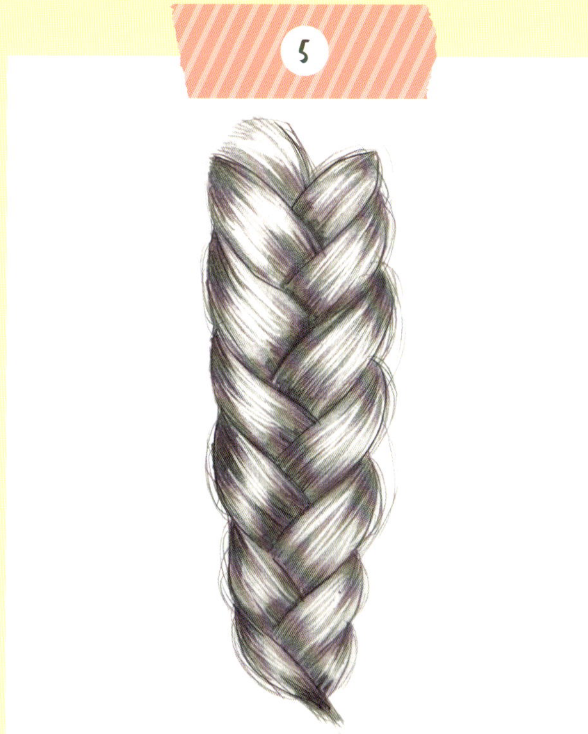

4. Machen wir uns an den spaßigen Part. Wie wir das schon geübt haben, zeichnest du jetzt die Details in die Haare.

Wenn du die erste Schicht Haare gelegt hast, verblendest du alles und machst dasselbe nochmal, bis du zufrieden bist.

5. Und zu guter Letzt radierst du Highlights rein und machst an den Seiten feine Linien, die lose Haare darstellen sollen.

War gar nicht so schwer, oder? ☺

GESICHT *einer Frau*

Wagen wir uns nun an ein Frauenporträt, das wir direkt von vorne, also frontal zeichnen. Los geht‘s!

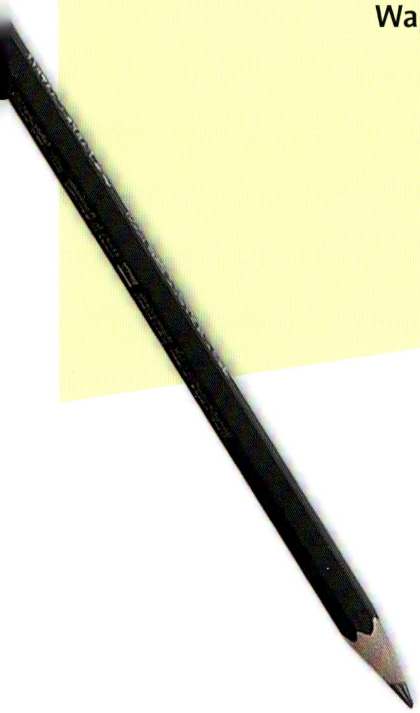

WAS DU HIERFÜR BRAUCHST:

- Bleistifte (Stärken B, 3B, 6B)
- Papier
- Radiergummistift
- Wattestäbchen
- Wattepads

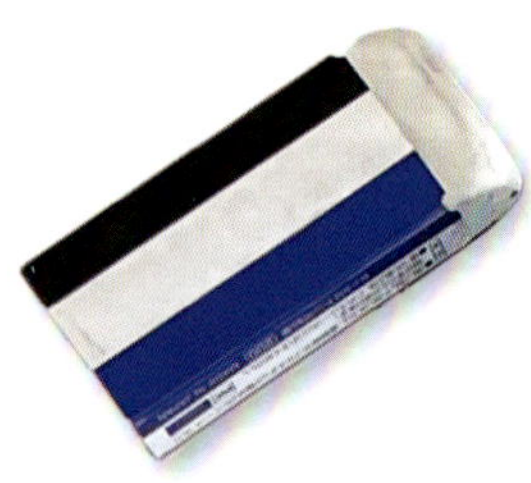

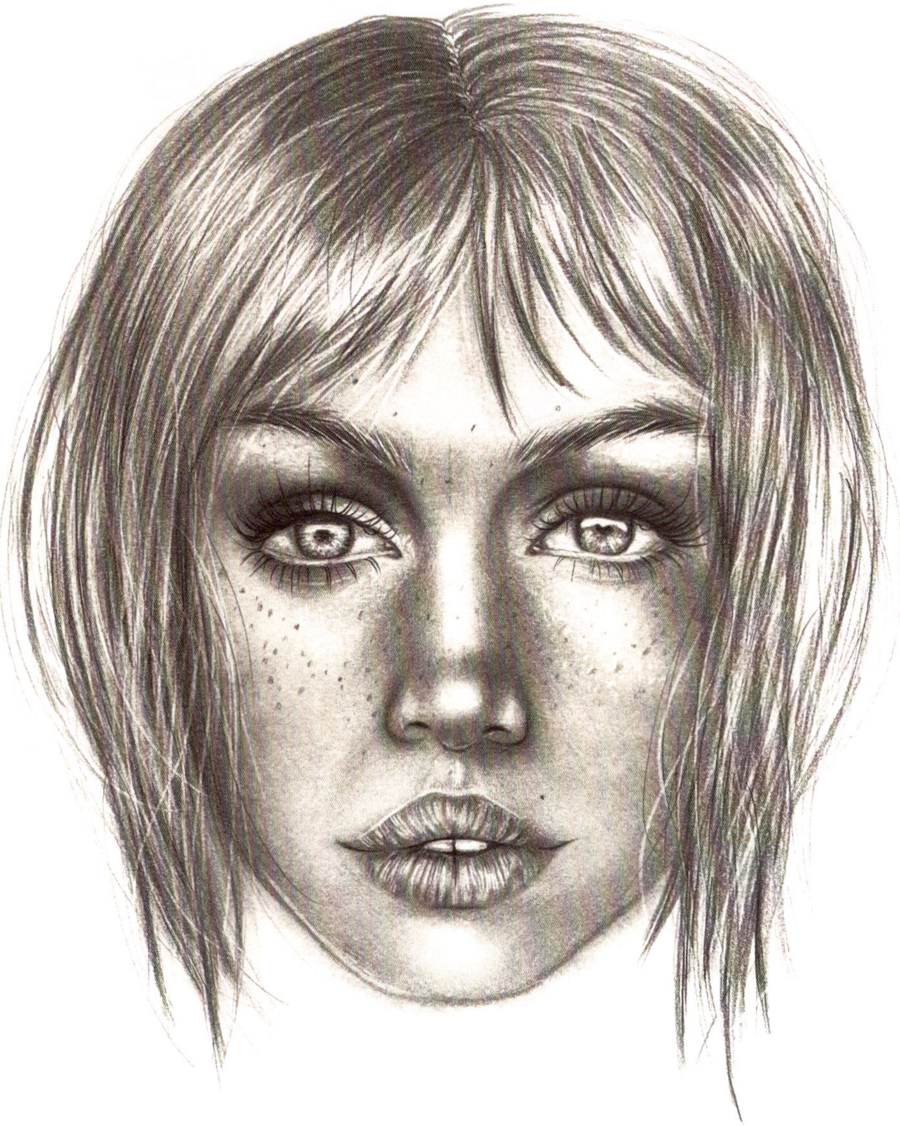

GESICHT EINER FRAU

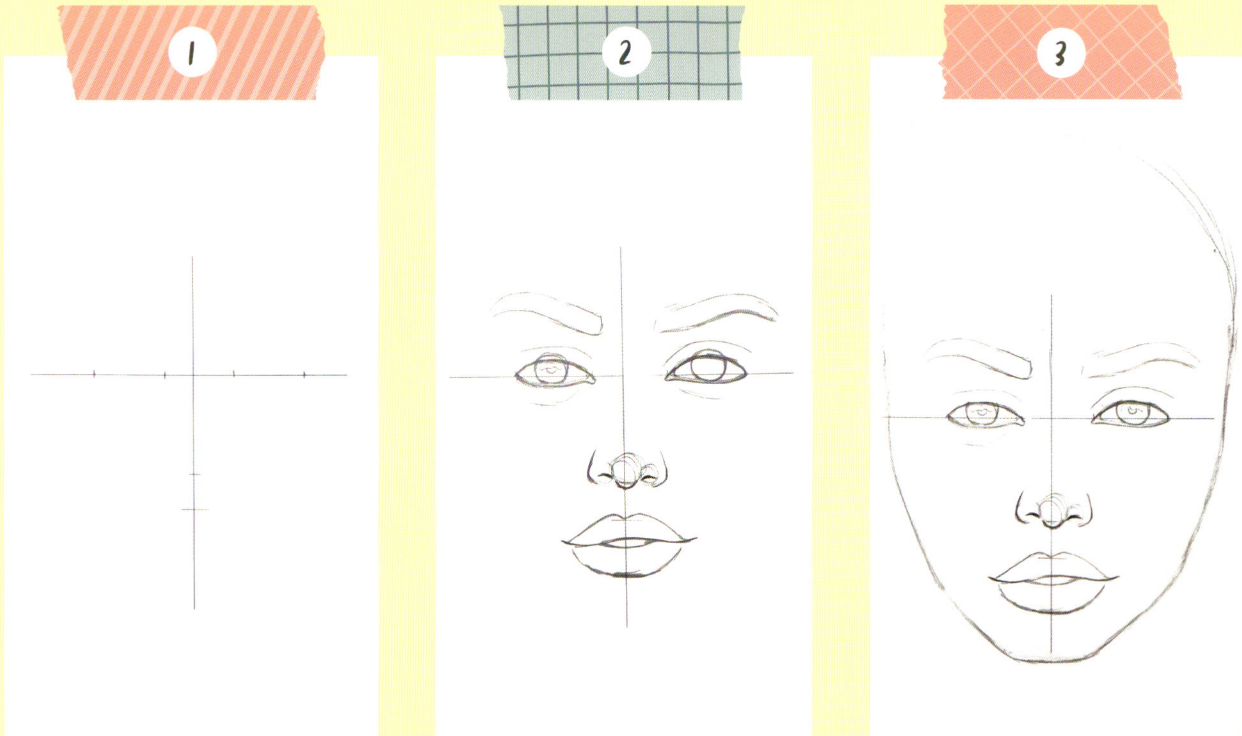

1. Auch bei diesem Tutorial fangen wir mit einem Kreuz an. Eine horizontale Linie und eine vertikale. Die vertikale Linie ist für die Augen und die horizontale Linie für die Nase und den Mund.

MOLLYS TIPP

Merke: Zwischen den Augen ist immer ein Auge Platz. Die Nase befindet sich zwei „Augenhöhen" unter dem Auge.

Ein Irrtum ist auch, die Augen zu weit oben im Gesicht anzusetzen. Die Augen sitzen etwas oberhalb der Mitte. Die Stirn und die Haare brauchen noch genug Platz 😁

2. Da wir eine Frau zeichnen, sind die Gesichtszüge etwas weicher und runder. Die Kopfform fange ich immer am Kinn an.

3. Ich mache ein Stück unter den Lippen eine Linie, welche das Kinn darstellen soll, und ziehe vom Kinn eine Linie auf der linke Seite schräg nach oben. Das ist der Kiefer. Dasselbe mache ich auf der anderen Seite. Ein Stück weiter oben ist dann der Wangenknochen. An der Stelle mache ich einen kleinen Bogen und gehe dann über in die Schläfen und die Stirn. Zum Schluss mache ich einen Halbkreis. Das ist dann der Schädel.

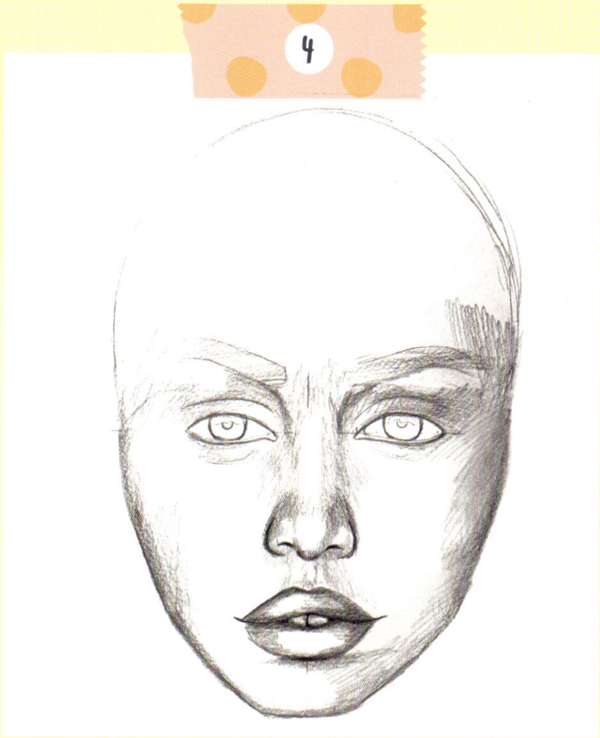

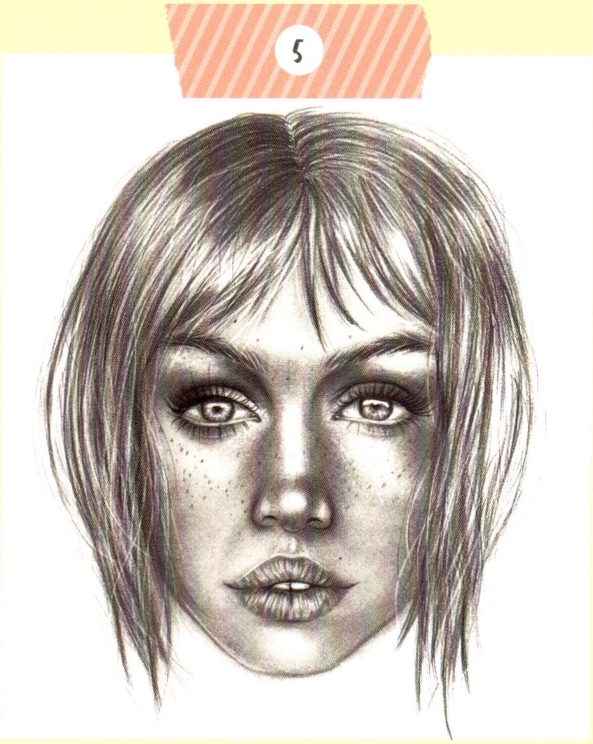

4. Du kannst nun anfangen mit den Schattierungen. Augen, Lippen, Nase, Mund und Augenbrauen kannst du so machen, wie wir das schon geübt haben. Was das Schattieren des Gesichts angeht, kannst du einfach am Kiefer entlang Schatten setzen und die Wangenknochen betonen, indem du unter ihnen schattierst. Die Stirn schattierst du an den Schläfen hoch zum Schädel.

5. Alles, was du bisher schattierst hast, kannst du jetzt verblenden. Jetzt hast du eine grobe Schattierung und kannst weiter ins Detail gehen. Das bedeutet Schritt für Schritt die Schatten dunkler machen und immer mal wieder verblenden. Aber Vorsicht! Nicht übertreiben, sonst sieht das Ergebnis verwischt und unsauber aus.

Du kannst mit dem Radiergummistift zwischendurch Details einfügen. Wichtig ist, dass du das nicht erst ganz zum Schluss machst, sondern auch mal die Highlights verblendest, damit sie nicht ganz so aufdringlich sind.

Stellen, die du „highlighten" kannst: Nasenspitze, Nasenrücken, Philtrum, Lippen, unter den Augenbrauen, im Auge, die Haut neben dem Nüpsi und Augenfältchen.

Ich zeichne auch sehr gerne noch Sommersprossen ins Gesicht. Auf den Wangen, der Nase und der Stirn.

GESICHT im Profil

Um Gesichter in verschiedenen Perspektiven zeichnen zu können, zeichnen wir jetzt ein Gesicht im Profil, also von der Seite.

WAS DU HIERFÜR BRAUCHST:

- Bleistift (zwei verschiedene Stärken, z. B. B und 3B)
- Papier
- Radiergummistift
- Wattestäbchen
- Wattepad

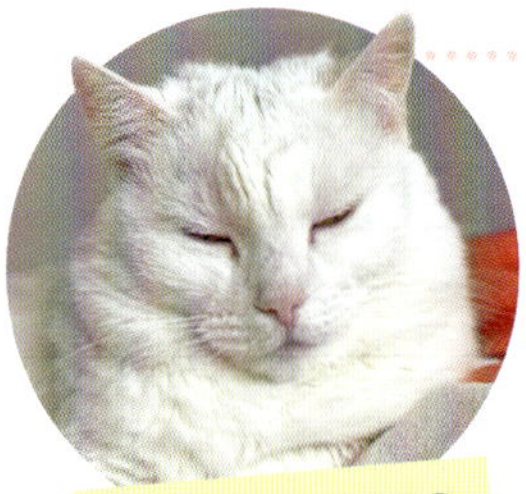

MOLLYS TIPP

Teste verschiedene Frisuren im Profil. Deiner Fantasie sind keine Grenzen gesetzt und du kannst dich auch farblich austoben – Rot, Blau, Grün, Gelb, Türkis …

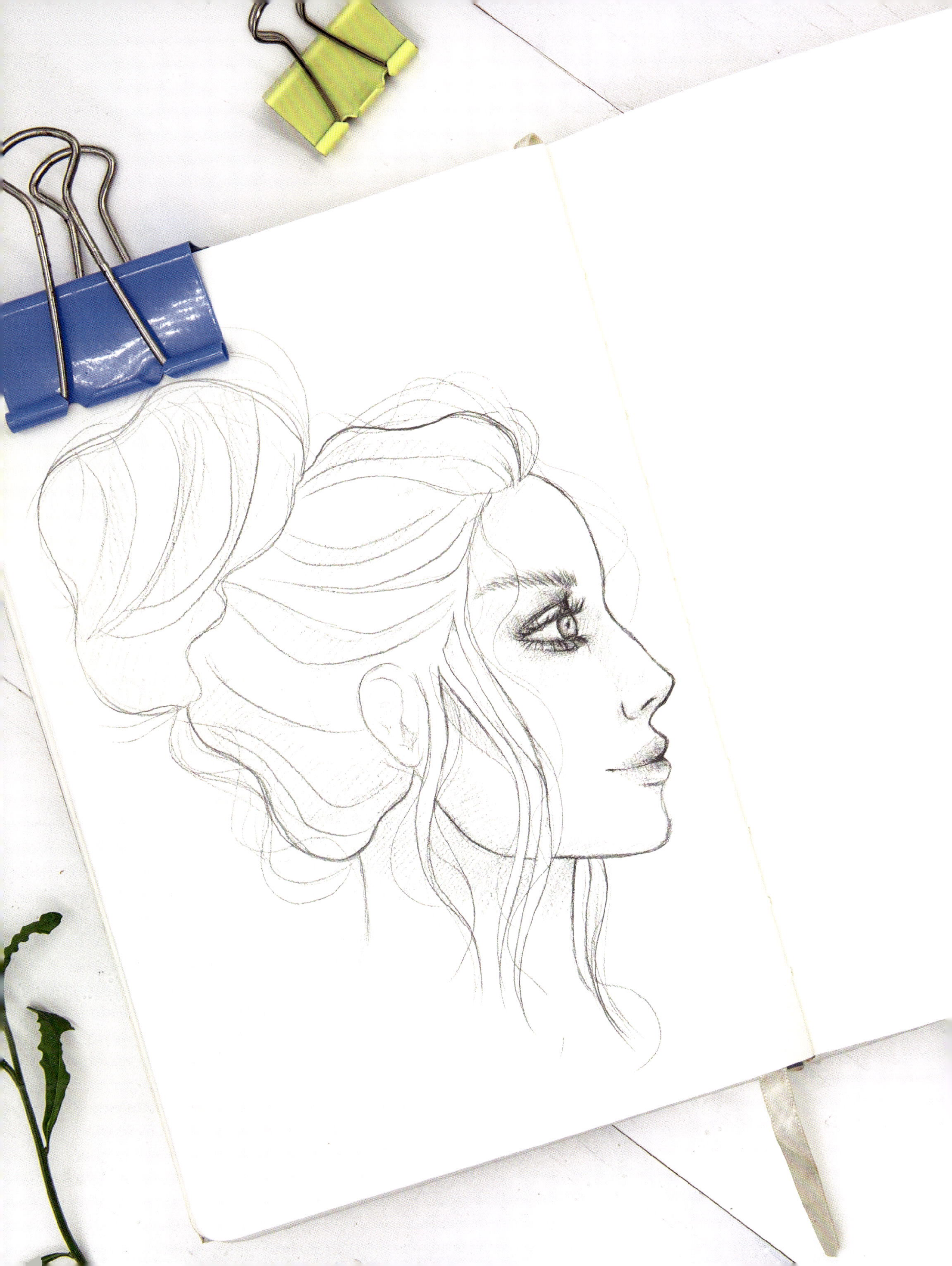

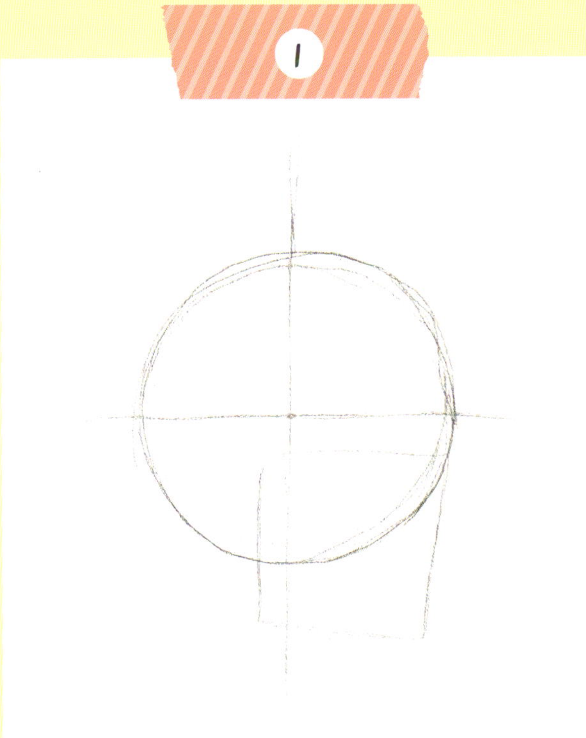

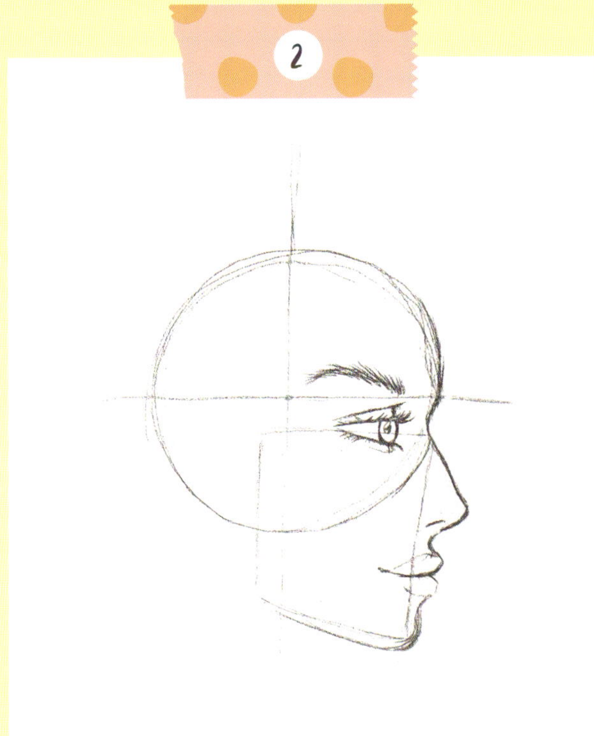

1. Zuerst zeichnest du einen Kreis mit einem Kreuz in der Mitte.

Unten rechts zeichnest du ein Viereck dazu, das etwas ins linke untere Viertel des Kreises übergeht. Das hilft uns dabei, Mund und Nase einzuzeichnen. Mit der Nase startest du dort, wo das Viereck oben anfängt. Dort, wo es endet, ist das Kinn. Dazwischen liegen logischerweise die Lippen! ☺

2. Auf die obere Kante des Vierecks zeichnest du das Auge ein. Darüber (etwas über der Linie des Kreuzes) sitzt die Augenbraue. Wichtig beim Auge ist, dass die Iris auch seitlich gezeichnet wird. Guck dir einfach mal das Auge von jemand anderem von der Seite aus an! Die Iris ist etwas gebogen und schmaler als von vorne.

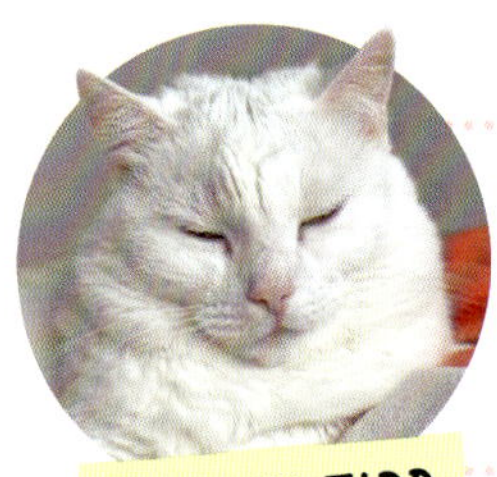

MOLLYS TIPP

Für das Ohr kannst du das Ohren-Tutorial benutzen!

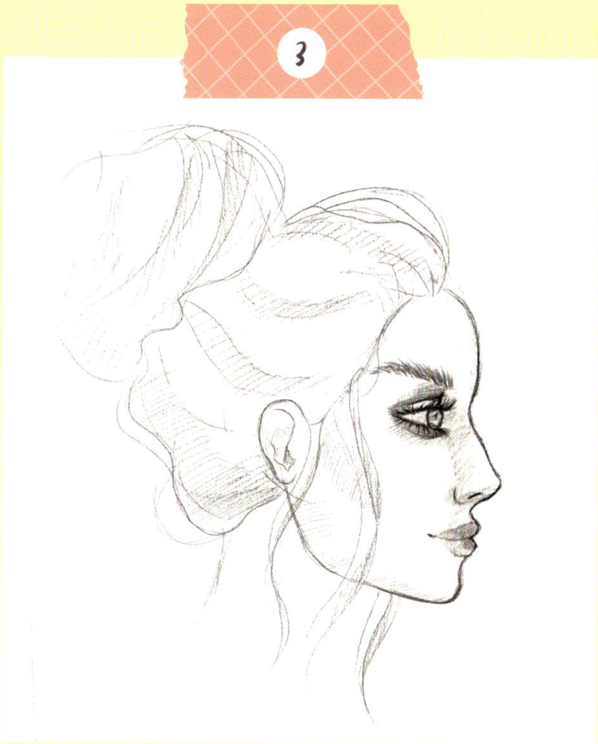

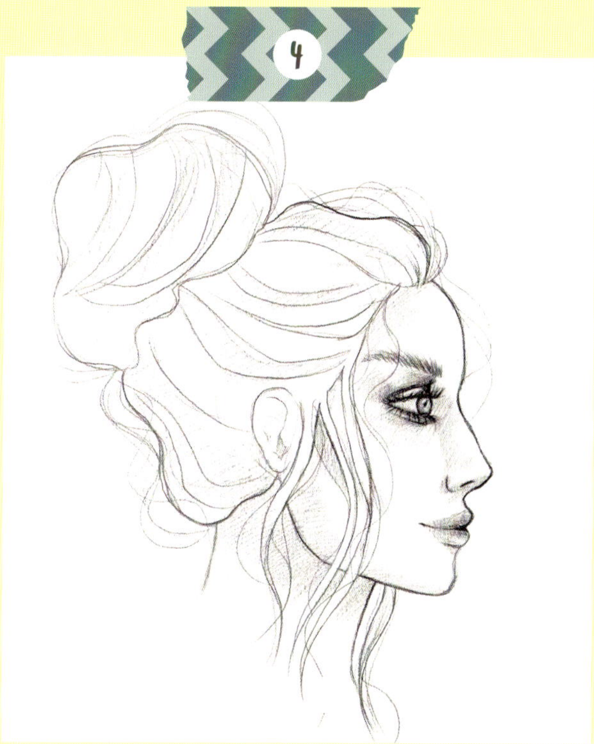

3. Jetzt kannst du ihr eine Frisur verpassen, die du magst! Ich habe mich für einen Dutt entschieden. ☺

Wichtig ist, dass die Haare sich der Kopfform anpassen, damit es realistisch aussieht.

4. Zuletzt radierst du die Hilfslinien weg und kannst ein paar Schatten einzeichnen. Damit das Ganze skizzenhafter aussieht, habe ich mich für eine kleine Schraffur entschieden.

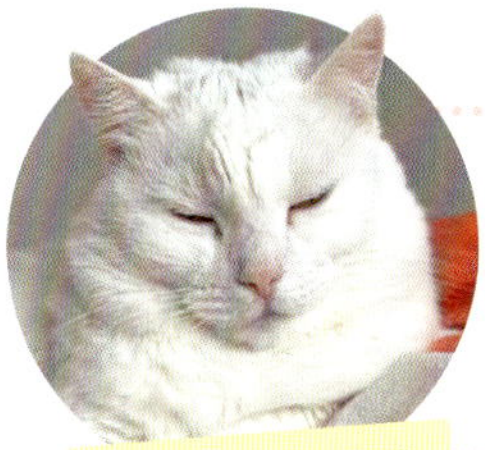

MOLLYS TIPP

Ein paar lose Strähnen lassen die Frisur luftiger wirken!

TIERE *zeichnen*

Tierporträts zu zeichnen braucht etwas Übung, macht aber auch unheimlich viel Spaß.

Hunde, Katzen und andere Tiere zeichnen zu können ist eine tolle Sache! Du kannst zum Beispiel deinen eigenen Hund für dich selbst oder den Hund von Freunden als Geschenk zeichnen und den Freunden damit eine riesengroße Freude machen.

Du kannst dich richtig austoben mit all den verschiedenen Hunderassen – alles, was du dafür brauchst, ist etwas Übung, etwas Hilfe bei den Grundlagen und sehr viel Geduld!

Viele sagen, am einfachsten ist es, Hunde mit kurzem Fell zu zeichnen. Ich finde das aber ziemlich schwierig ☺ also fangen wir mit langem Fell an!

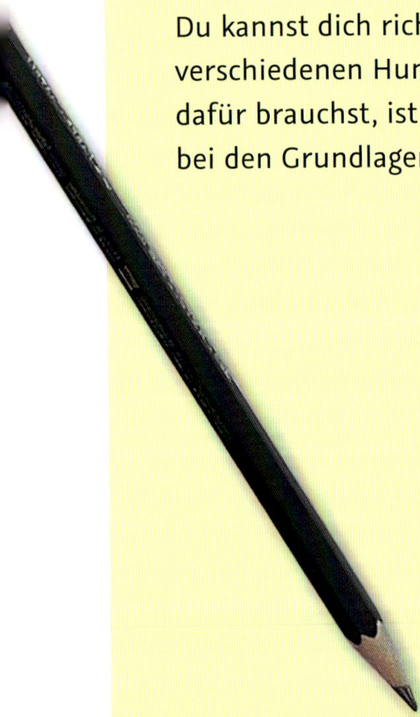

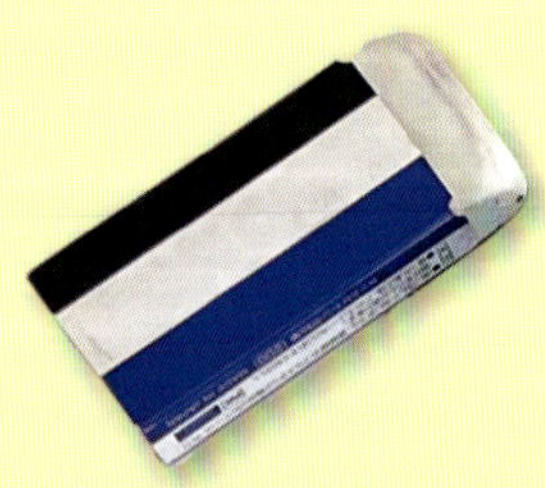

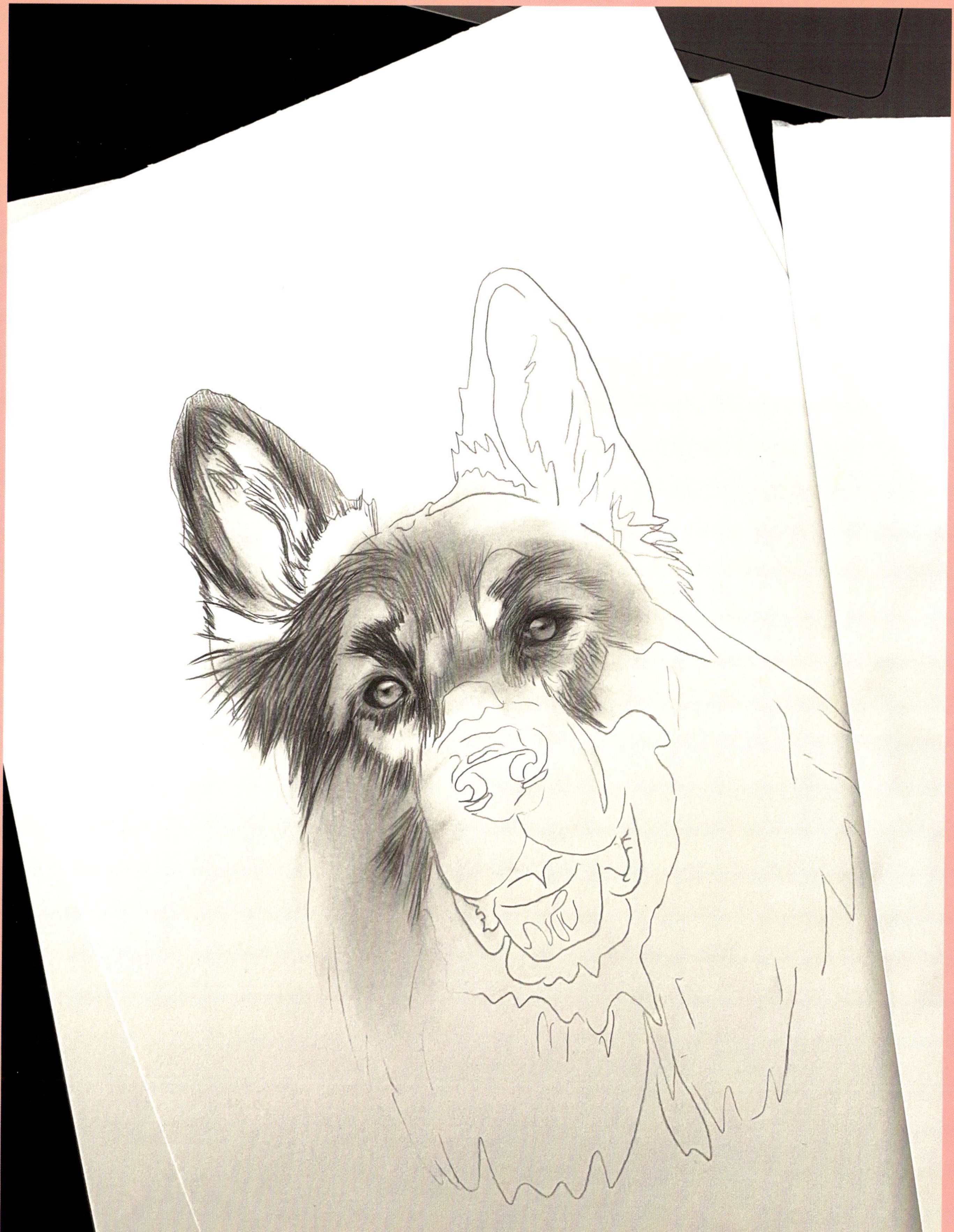

FELL *zeichnen*

Bevor wir anfangen Tiere zu zeichnen, müssen wir erst einmal lernen, Fell zu zeichnen.

WAS DU HIERFÜR BRAUCHST:

~ Bleistifte

~ Papier

~ Wattepad

~ Wattestäbchen

~ Radiergummi

~ Radiergummistift

~ Anspitzer

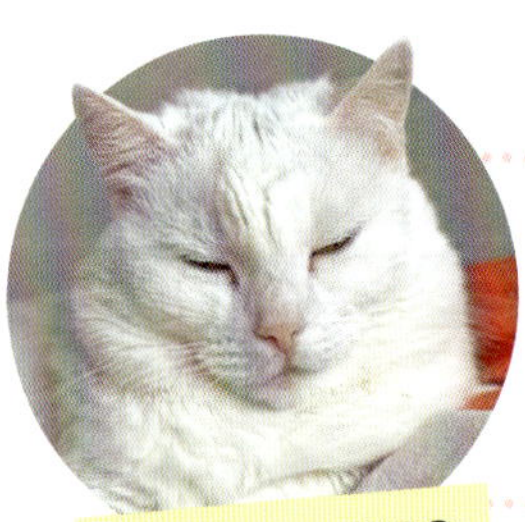

MOLLYS TIPP

Beachte die Wuchsrichtung des Fells!

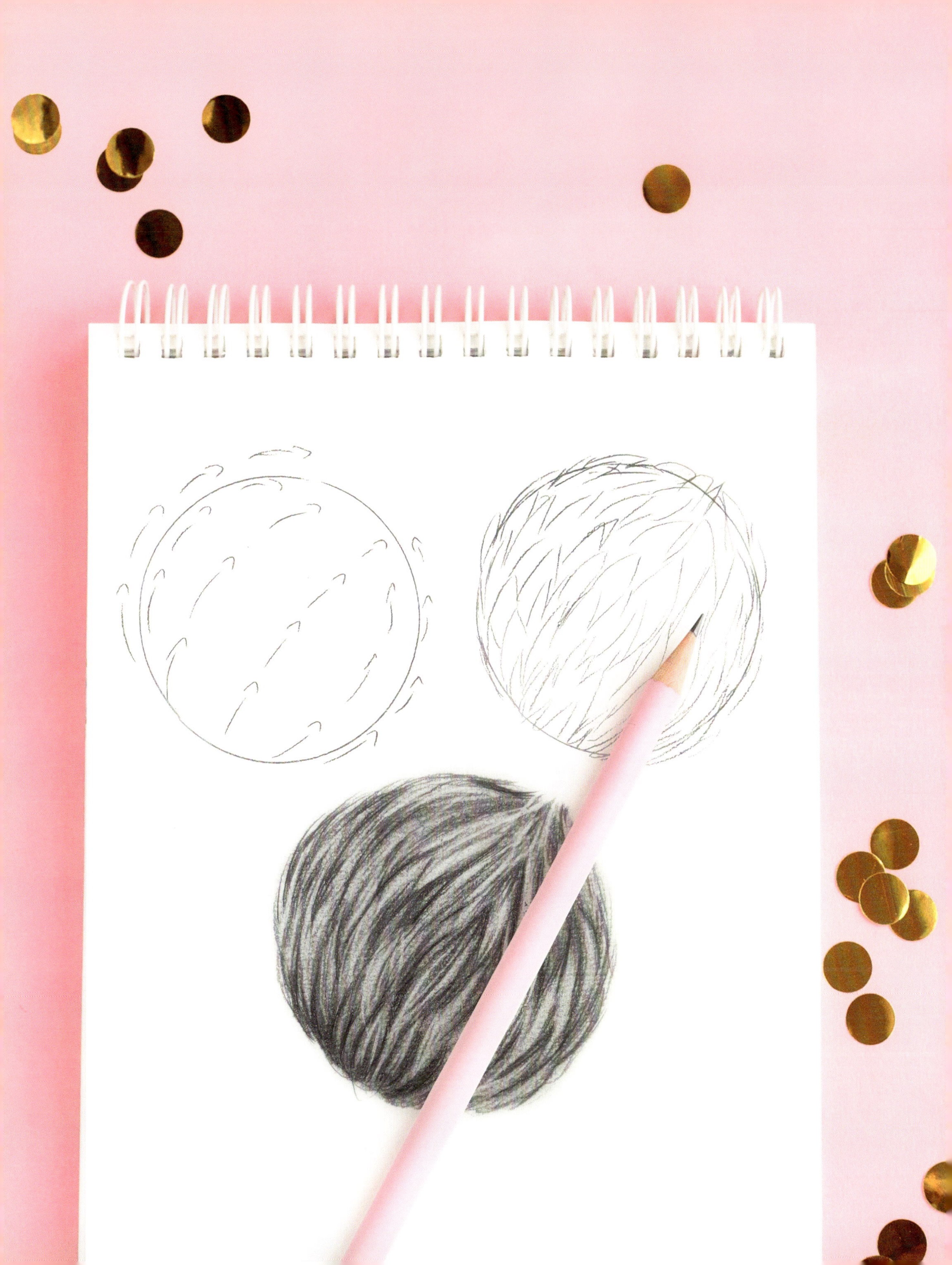

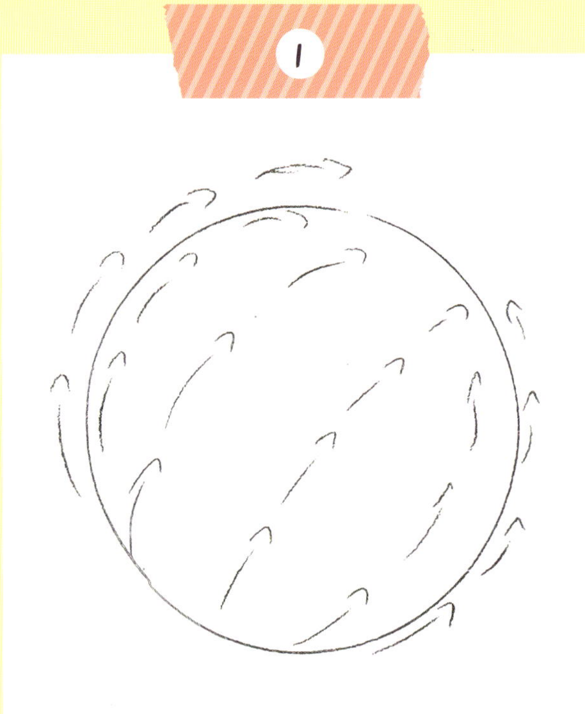

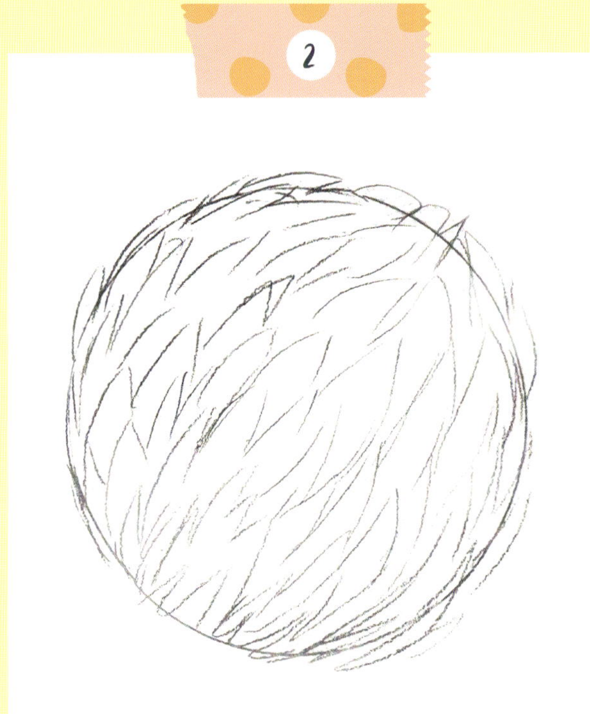

1. Beim Zeichnen von Fell ist es wichtig, die Richtung des Fellwuchses zu beachten. Gerade im Gesicht wächst das Fell in unterschiedliche Richtungen. Guck dir dein Referenzbild beim Zeichnen genau an, um erkennen zu können, wo das Fell hinwächst.

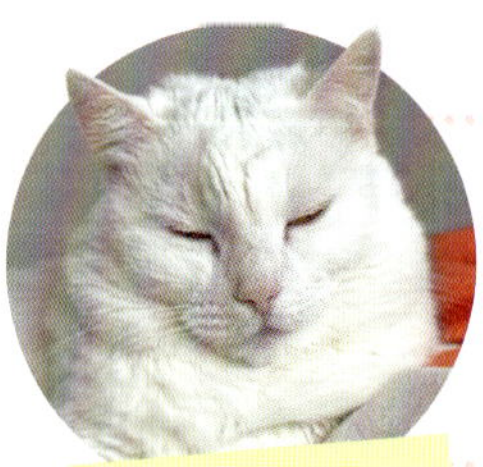

MOLLYS TIPP

Spitze deinen Bleistift immer wieder an, damit du immer feine Linien zeichnen kannst.

2. Du solltest mit einem eher harten Bleistift anfangen und dich zu weicheren vorarbeiten. Genau wie bei der Haarsträhne kannst du erst mal die Form vorzeichnen. Wir zeichnen jetzt einfach mal einen Fellball. Also starten wir mit einem Kreis. Mit deinem härtesten Stift kannst du jetzt die Richtung des Fells vorgeben. Wichtig ist, dass du mit dem Stift immer nur in eine Richtung gehst und nicht hin und her. Wenn du deine erste Schicht hast, kannst du einmal verblenden. Jetzt benutzen wir einen weicheren Stift, um mehr Tiefe reinzubekommen, aber erst mal bleiben wir vorsichtig. Wir tasten uns erst mal nur heran. Wenn du jetzt schon zu dunkel wirst, fehlen dir die Mitteltöne, die bei so ziemlich jedem Motiv sehr wichtig sind.

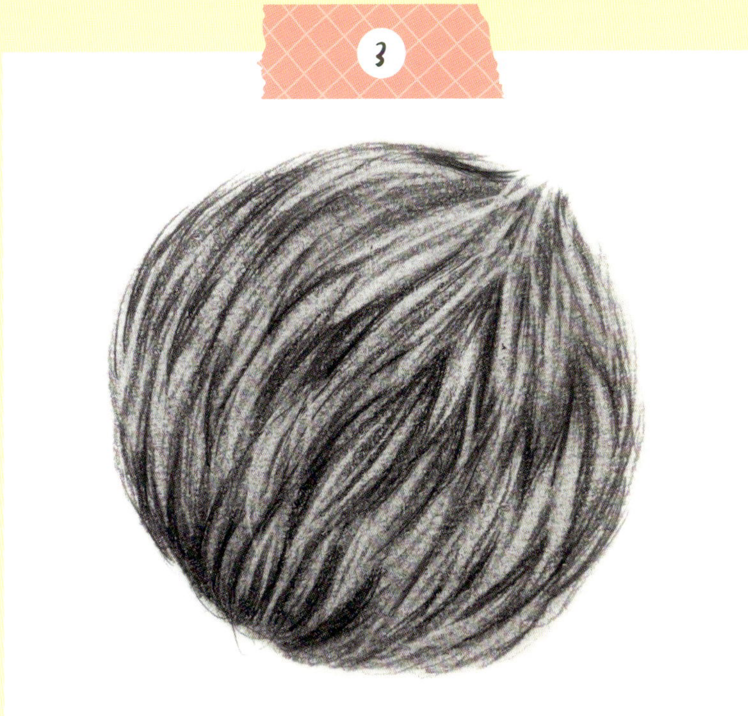

3. Wenn du mit deinem B-Bleistift nun genug Kontrast erzeugt hast, kannst du wieder mit einem Wattepad verblenden. Nach dem Verblenden kannst du einen noch weicheren Bleistift nehmen und nochmal über die Stellen gehen, die du eben schattierst hast. Dieses Hin und Her kennen wir ja bereits ☺

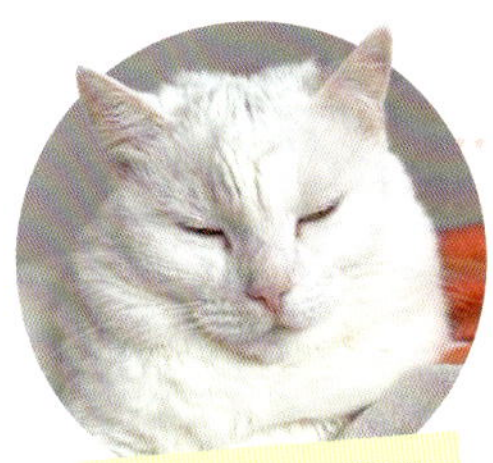

MOLLYS TIPP

Immer wenn du denkst, das sieht zu körnig aus, kannst du verblenden.

Auch das verblendest du wieder. Wenn du es noch etwas dunkler haben möchtest, kannst du auch einen 6B-Bleistift nehmen und hier und da ein paar Schatten hinzufügen.

Zum Schluss kannst du deinen Radiergummistift (du kannst auch einen Knetradiergummi zu einer feinen Spitze kneten) nehmen und feine Highlights radieren.

HUND zeichnen

Auch wenn wir einen Hund zeichnen, fangen wir womit an? Richtig! Einem Kreis 😄

WAS DU HIERFÜR BRAUCHST:

- Bleistifte
- Papier
- Wattepad
- Radiergummi

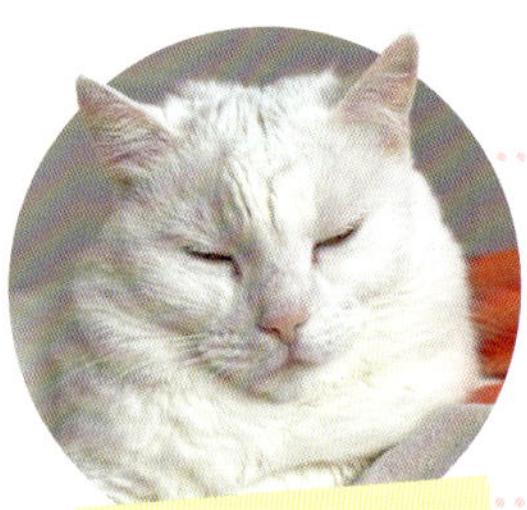

MOLLYS TIPP

Das Fell wächst in dieselben Richtungen wie bei der Katze!

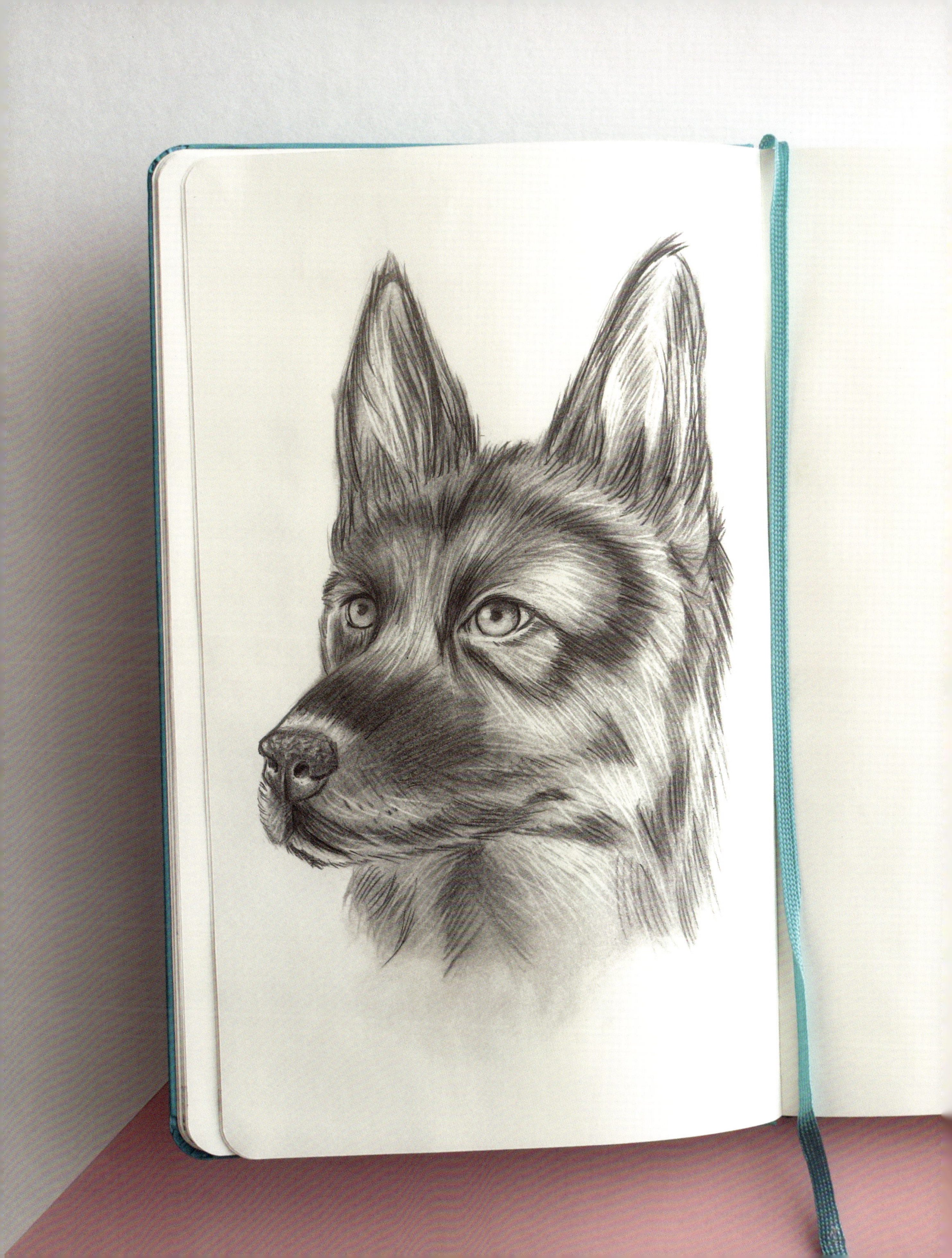

HUND ZEICHNEN

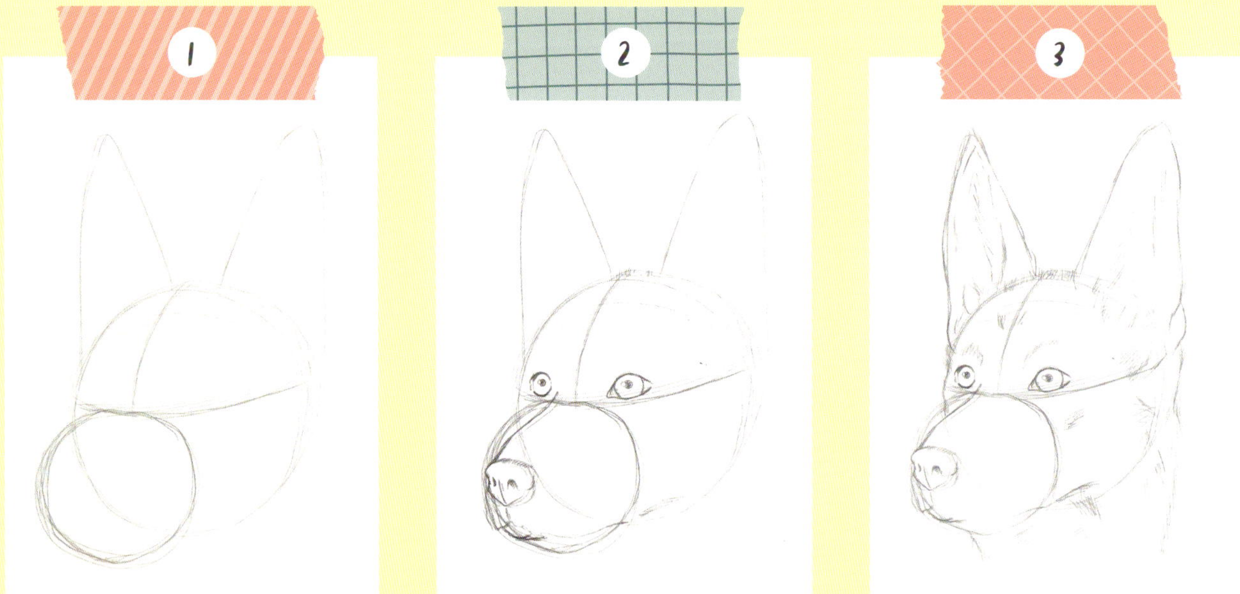

1. Wir zeichnen den Hund im Halbprofil. Das bedeutet, dass er leicht zur Seite guckt. Dort, wo die vertikale Linie endet, zeichnen wir noch einen Kreis. Dieser ist für die Schnauze des Hundes. Zwei Dreiecke auf dem Kopf helfen uns dabei, die Ohren zu zeichnen.

2. Auf die horizontale Linie zeichnen wir die Augen. Genau wie bei Katzen sieht man bei Hunden kein Weiß im Auge. In den zweiten Kreis zeichnest du noch einen kleineren Kreis, in den die Nase kommt. Von der Nase aus zeichnest du den Mund und das Kinn.

Mit einer Linie verbinden wir die Schnauze mit dem Gesicht.

3. Den Ohren gibst du auch noch etwas Form, indem du einen Rand einzeichnest und das Fell andeutest. Auch an restlichen Kopf kannst du das Fell schon andeuten.

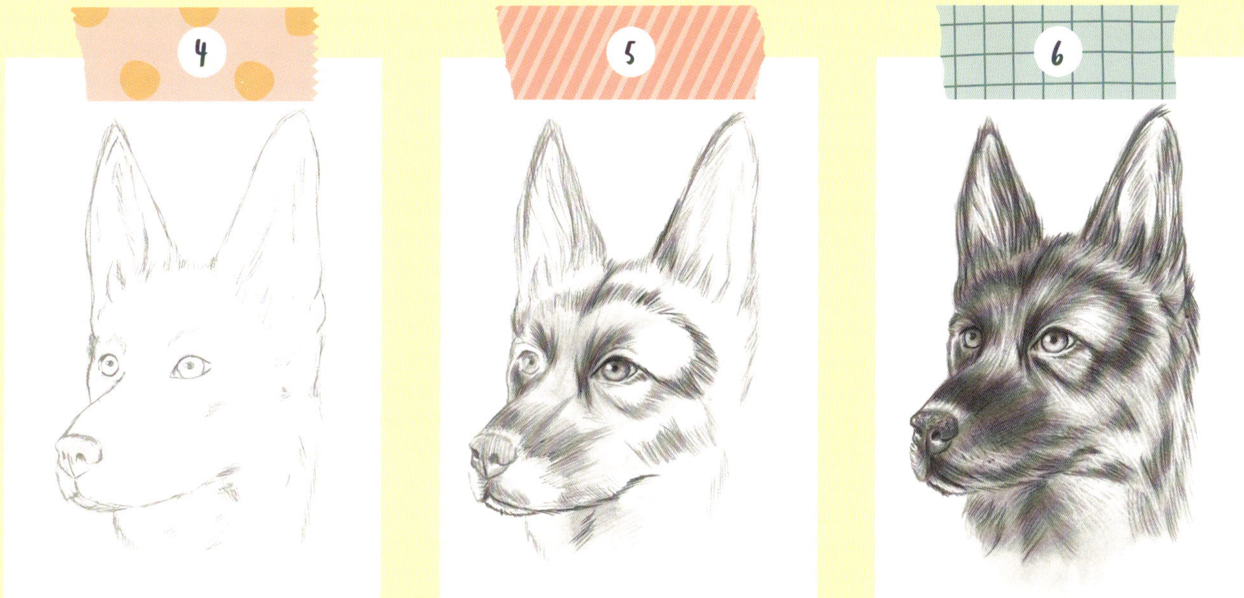

4. Jetzt kannst du die Hilfslinien wegradieren. Und mit dem Zeichnen des Fells anfangen. Je nachdem, welche Hunderasse du zeichnen möchtest, ändert sich natürlich die Felllänge. Wir zeichnen einen Schäferhund zusammen, also ist das Fell eher lang.

5. Das Fell wächst in dieselben Richtungen wie bei der Katze. Hundenasen sind jedoch anders als Katzennasen (Ach was 😁), da Hundenasen nass sind, kannst du hier mehr Highlights machen. Auch kann man bei Hundenasen eine leichte Struktur einzeichnen.

6. Nun kannst du das Fell genau so, wie wir es schon gelernt haben, zeichnen. Verblenden, zeichnen, verblenden, radieren, verblenden, zeichnen.

Vergiss nicht, dich von einem harten Stift wie 2H zu einem weichen wie zum Beispiel 6B vorzuarbeiten.

KATZE *zeichnen*

Molly (meine Katze) freut sich bestimmt nicht darüber, dass ich eine andere Katze zeichne 😐 Sorry, Molly, was muss, das muss ♡

WAS DU HIERFÜR BRAUCHST:

- Bleistifte
- Druckbleistift
- Papier
- Radiergummi
- Radiergummistift

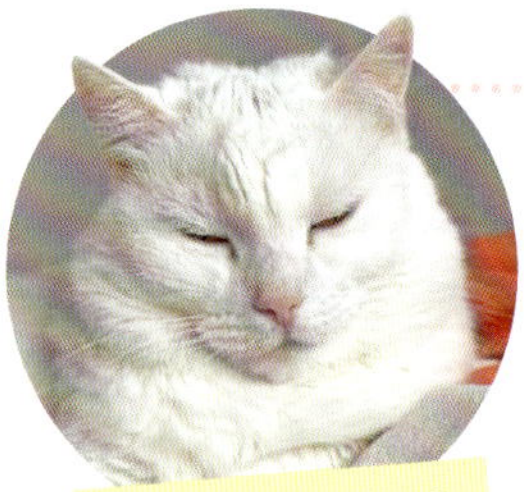

MOLLYS TIPP

Zeichne das Fell am Ende des Kopfes nicht mit einer geraden Linie, sondern mache kurze und längere Linien.

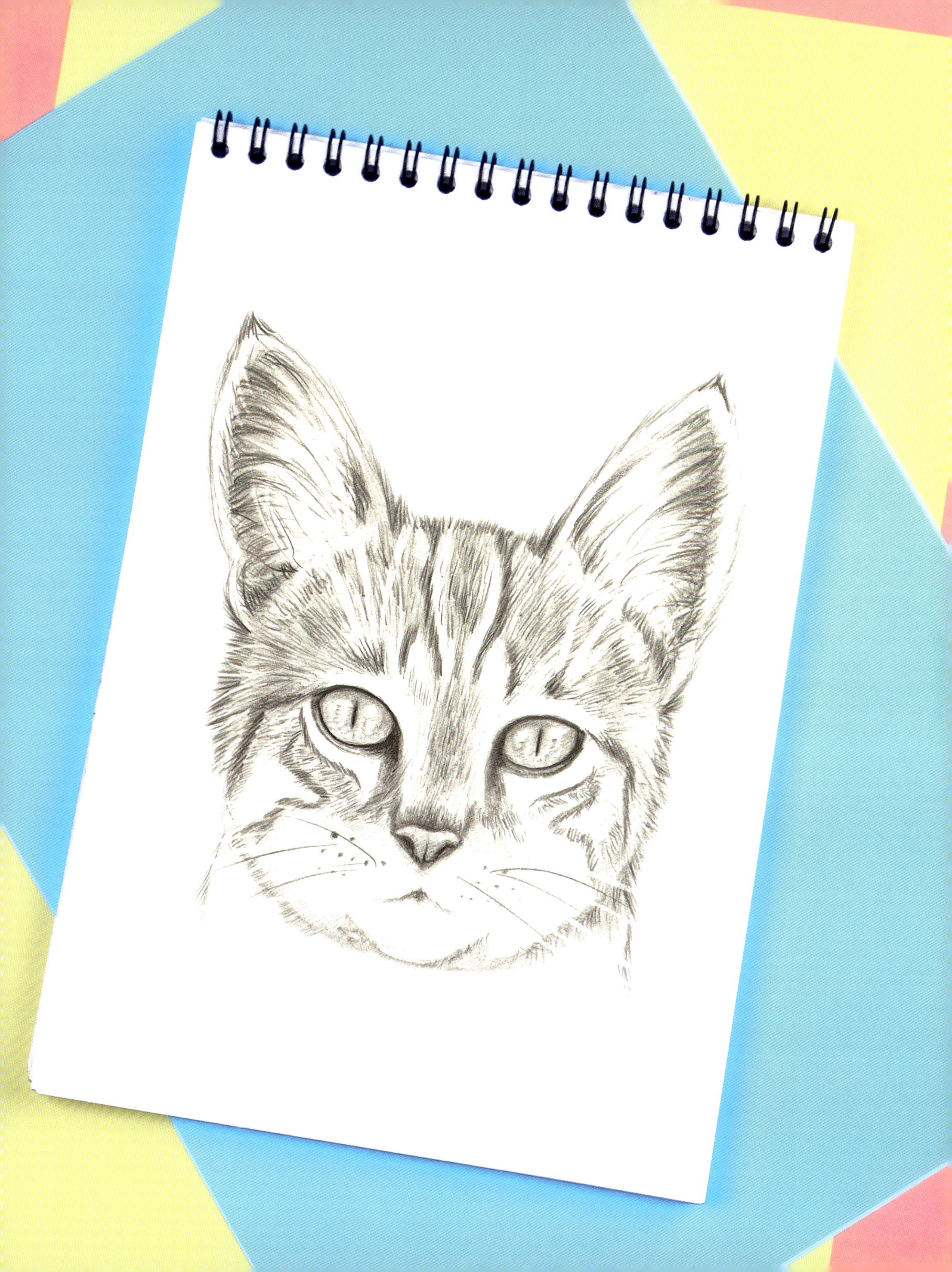

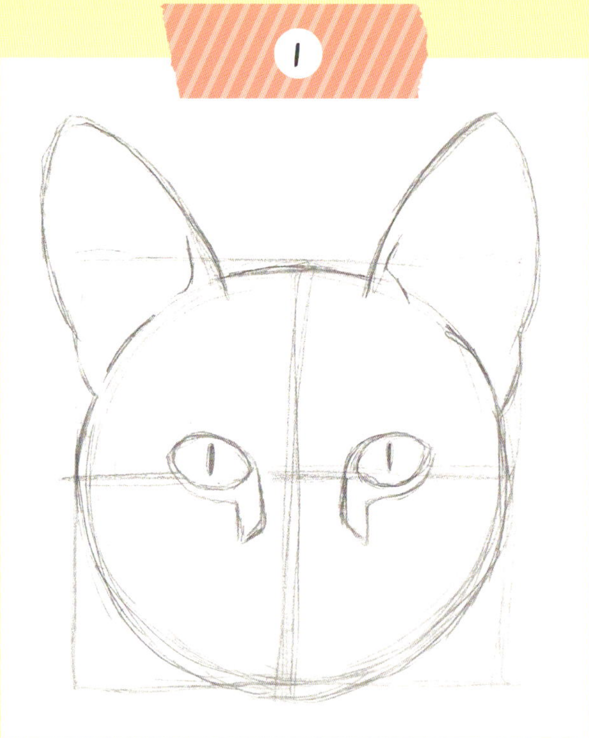

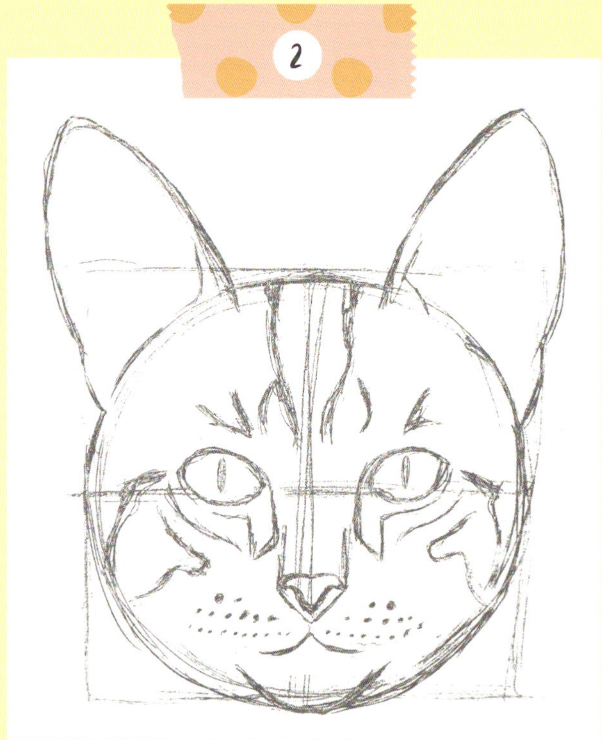

1. Diesmal fangen wir nicht mit einem Kreuz an, sondern mit einem Kreis. In den Kreis zeichnest du ein Kreuz 😄

Links und rechts oben am Kreis zeichnest du die Ohren. Bei den Ohren musst du beachten, dass bei Katzen an der unteren Seite des Ohres ein kleiner Bogen ist.

Auf die horizontale Linie kannst du die Augen zeichnen. Diese sind oval und die Pupillen sind kleine Schlitze. Als nächsten Schritt zeichnest du die Umrandung der Augen.

2. Genau zwischen den Umrandungen, die etwas weiter runterreichen, zeichnest du die Nase. Denk dir einfach, dass die Nase ein kleines Dreieck ist. Direkt unter der Nase ist der Mund. Hier kannst du zwei Bögen zeichnen, die von der Nase aus nach links und rechts gehen. Das Kinn deutest du mit einem weiteren Bogen an. Viele Katzen haben eine Fellmusterung und genau diese zeichnen wir jetzt vor. Meistens gehen bei Katzen (das gilt auch für die meisten Raubkatzen) Linien von den Augen Richtung Wangen und auf der Stirn Richtung Schädel. Auch unter den Augen befinden sich dunkle Musterungen. Und nicht vergessen: die Stellen aus denen die Schnurhaare kommen, haben dunkle kleine Punkte.

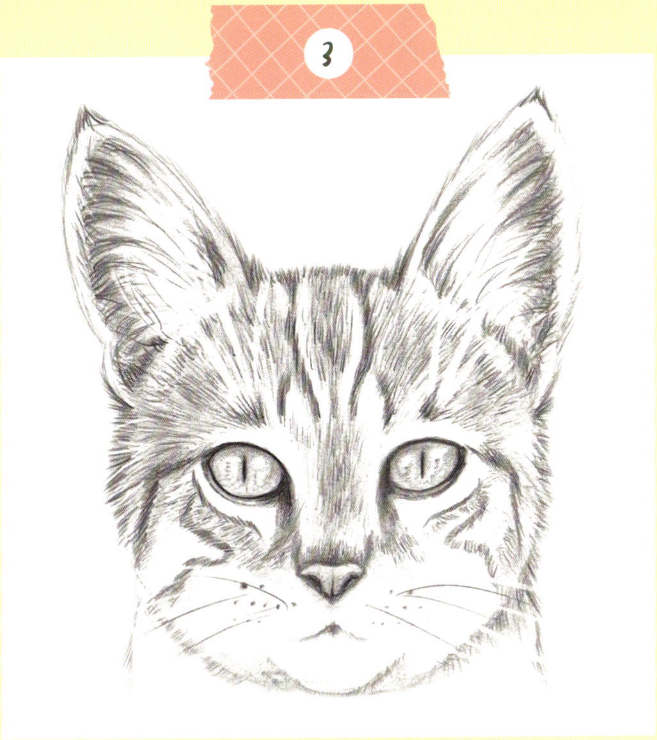

3. Die Augen: Für die Iris nehmen wir einen 2H-Bleistift und grundieren die Fläche. Vergiss nicht, eine kleine Fläche auszulassen, da kommt später der Lichtreflex rein. Um die Pupille herum zeichne eine kleine Schattierung, ebenso unter dem oberen Lid. Das, was wir um die Iris herum gezeichnet haben (ich kenne leider nicht die Bezeichnung dafür 😄), grundiere auch. Nun zur Nase: Auch hier grundierst du erstmal. Oberhalb der Nase kannst du schon mal etwas Fell zeichnen. Links und rechts von der Nase schattierst du nach außen hin. Die kleine Fläche von der Nase zum Mund schattierst du leicht und auch unter dem Mund, dann die Ohren: Beachte auch hier den Fellwuchs! Ziehe mit einem 2H-Bleistift feine Linien. Das Fell in den Ohren ist besonders lang. An der Außenseite der Ohren scheint die Haut durch, weswegen du da etwas dunkler schattierst. Auch der Übergang vom Kopf zum Ohr ist etwas dunkler. Die Stirn anfangen: Das Fell hier ist nicht so lang. Zeichne es von der Nase aus in Richtung Stirn nach oben bis zum Kopfende. Wenn du nach links gehst, zeichnest du auch das Fell in diese Richtung. An der rechten Seite entsprechend nach rechts. Wiederhole all das mit einem dunkleren Stift. Jetzt ist es nur noch ein Hin und Her zwischen zeichnen und verblenden. Radiere auch Highlights ins Fell. Vergiss nicht bei den Musterungen das Fell dunkler zu zeichnen! Setze mit dem Radierer abschließend feine Highlights ins Fell, in die Augen und auf die Nase. Oh! Vergessen! Katzen haben Schnurrhaare! Diese Kannst du auch mit einem Radiergummi reinradieren.

TIGER zeichnen

Fun Fact: Tiger sind meine absoluten Lieblingstiere! ♡

WAS DU HIERFÜR BRAUCHST:

~ Bleistifte

~ Druckbleistift

~ Papier

~ Wattepad

~ Radiergummi

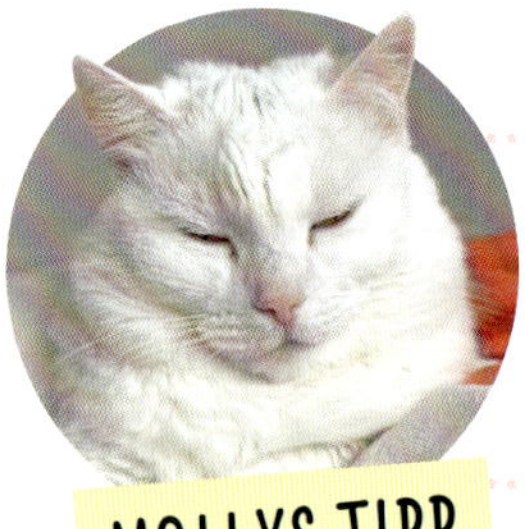

MOLLYS TIPP

Beachte auch bei den schwarzen Streifen im Fell die Wuchsrichtung!

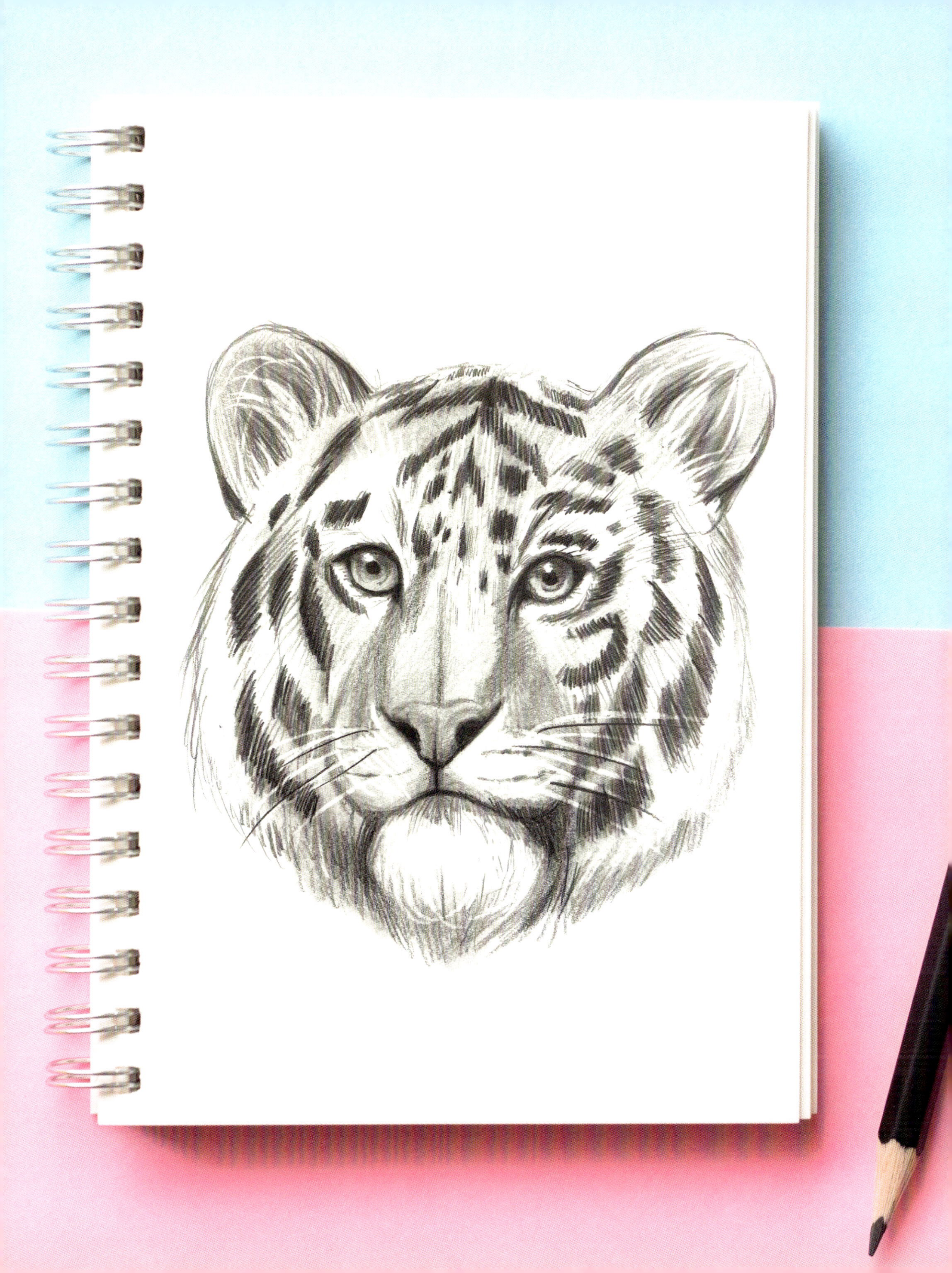

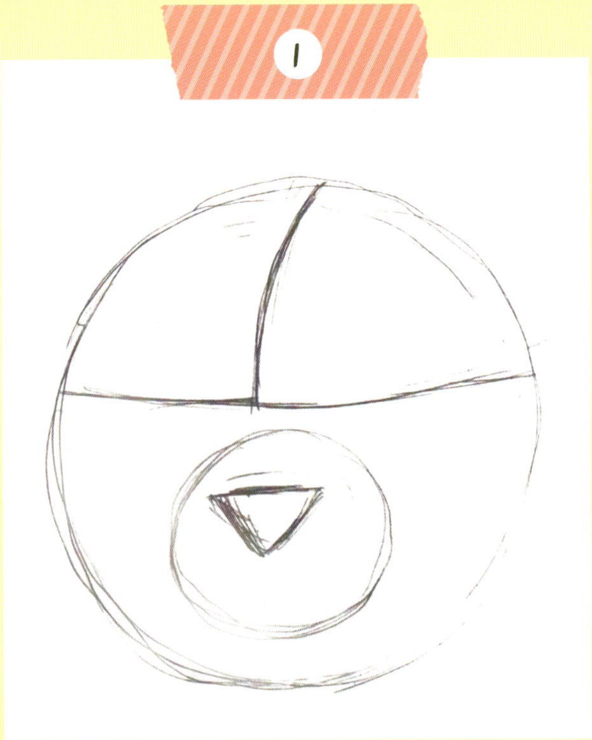

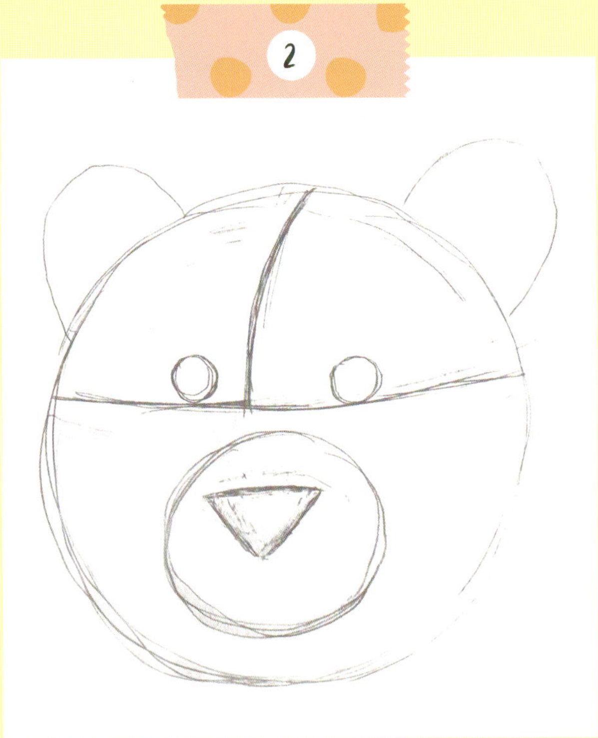

1. Kreis. Schon wieder. So ziemlich alles beginnt mit einem Kreis.

In den Kreis zeichnen wir eine horizontale Linie und eine vertikale Linie. Auf die horizontale Linie zeichnest du zwei Kreise für die Augen. Ungefähr in der Mitte der unteren Hälfte des Kreises zeichnest du noch einen Kreis. In die obere Hälfte dieses Kreises zeichnest du ein Dreieck.

2. Zwei Bögen auf dem Kopf helfen uns, die Ohren zu zeichnen. Wenn das Ganze aussieht wie ein netter kleiner Bär, ist es genau richtig!

Jetzt kannst du etwas ins Detail gehen: Zeichne Augen, Nase, Schnauze und Ohren ein.

Sieht aber immer noch nicht aus wie ein Tiger, oder? Vertrau mir, das kommt noch. Der Schlüssel dazu sind die Streifen im Fell.

Auch hier ist die Wuchsrichtung wichtig. Guck dir dein Referenzbild genau an. In welche Richtung gehen die Streifen? Wie sind sie angeordnet und wo sind überhaupt welche?

3

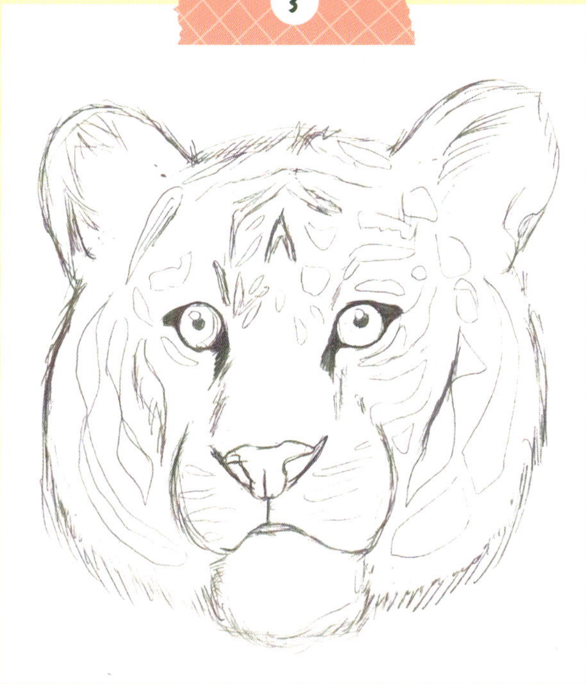

4

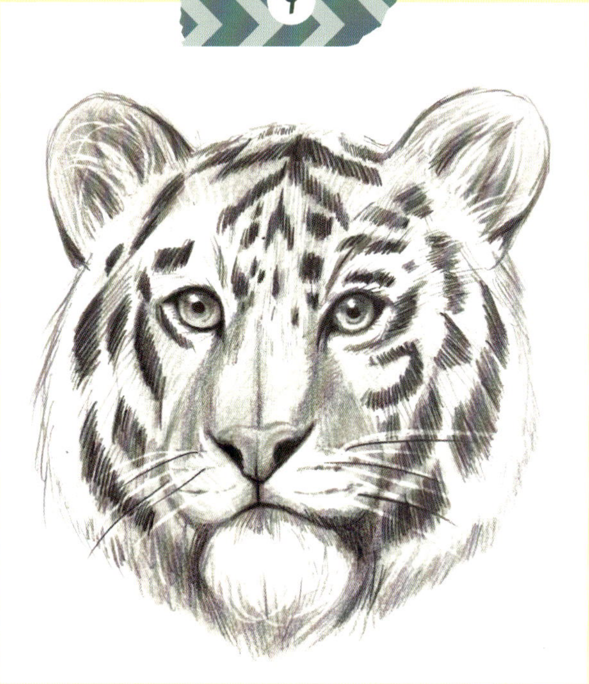

3. Du kannst erst mal die Formen der Streifen einzeichnen. Diese kannst du dann mit einem weichen Stift, zum Beispiel einem 2B, ausmalen. Aber Vorsicht! Nicht einfach irgendwie in irgendeine Richtung, sondern in die Wuchsrichtung des Fells.

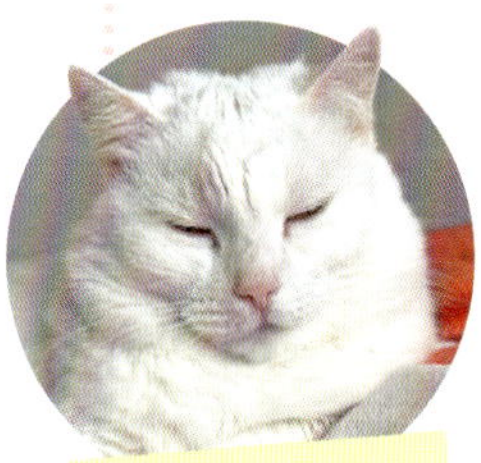

MOLLYS TIPP

Du kannst, bevor du mit dem Schattieren anfängst, mit einem Schablonenmesser feine Linien in das Papier kratzen. Wenn du nun mit dem Bleistift drübergehst, entstehen weiße Linien, die für noch mehr Details sorgen.

4. Einige Stellen im Fell eines Tigers sind weiß. Über den Augen, am Mund und an den Seiten des Kopfes, diese Stellen kannst du beim Zeichnen auslassen. Falls du beim Verblenden die Stellen verdunkelt hast, kannst du sie wieder sauber radieren.

Und wie du dir sicher schon denkst, heißt es jetzt zeichnen, verblenden, radieren, zeichnen, verblenden. Wenn du zufrieden mit dem Ergebnis bist, kannst du Highlights in die Augen machen und die Schnurhaare einradieren.

SCHMETTERLING *zeichnen*

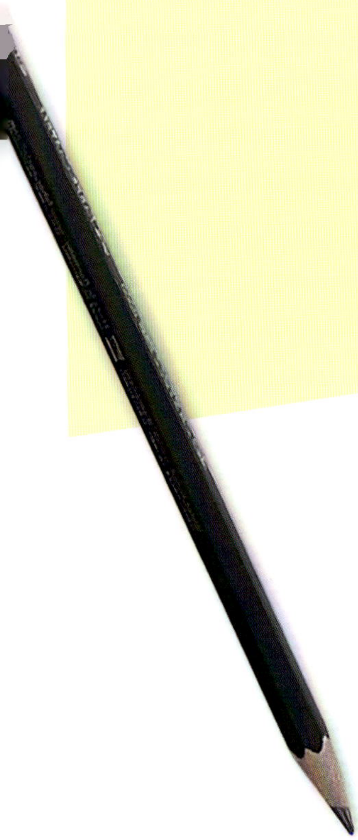

Wenn du einen Schmetterling zeichnest, ist es wichtig, dass beide Seiten möglichst symmetrisch sind.

WAS DU HIERFÜR BRAUCHST:

- ~ Bleistift
- ~ Druckbleistift
- ~ Buntstifte
- ~ Knetradiergummi
- ~ Papier

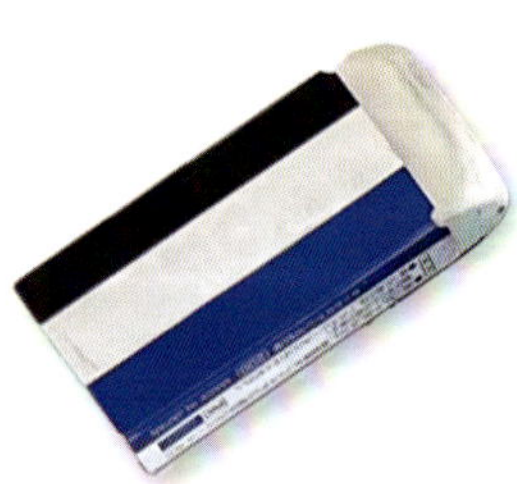

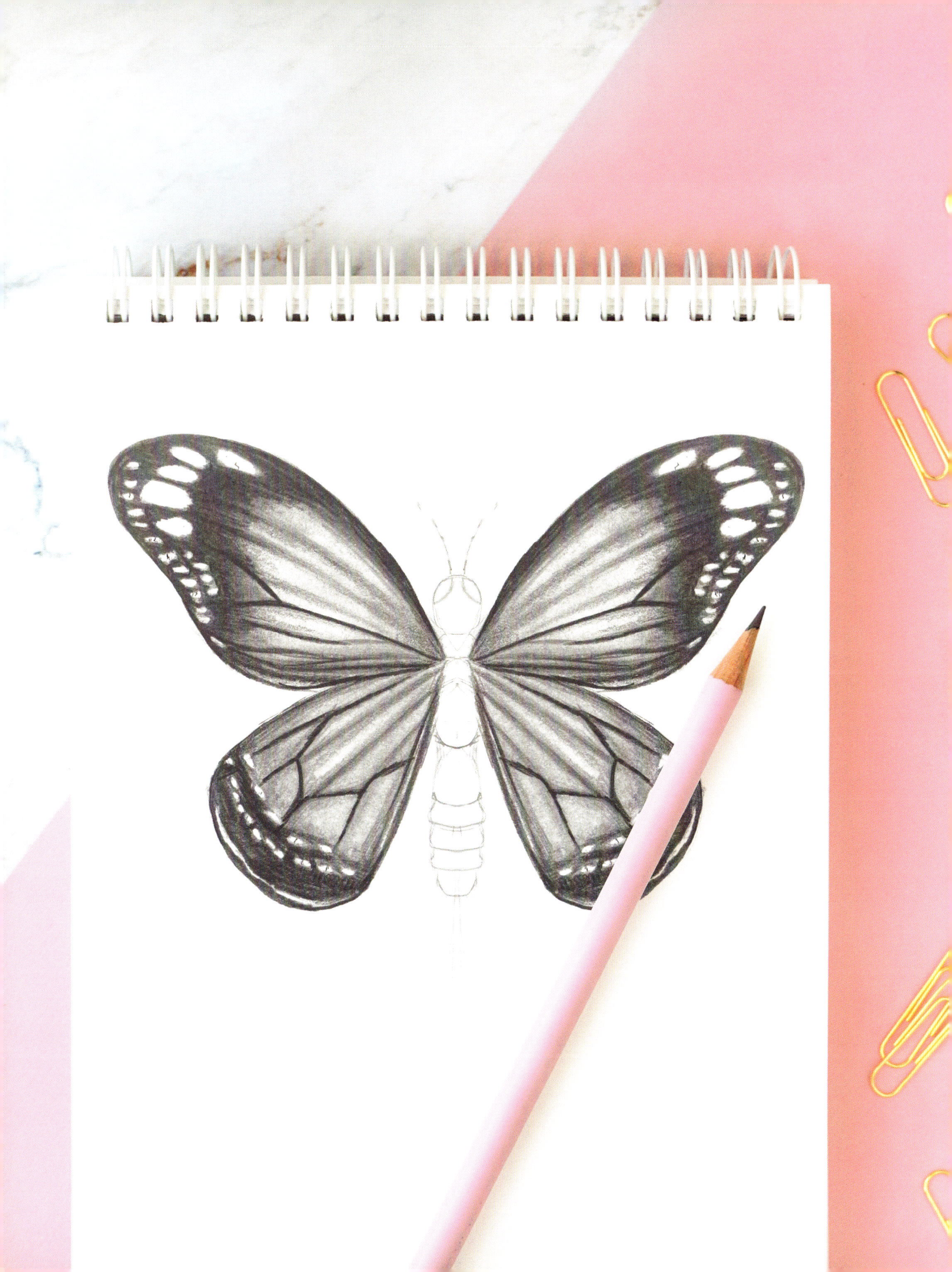

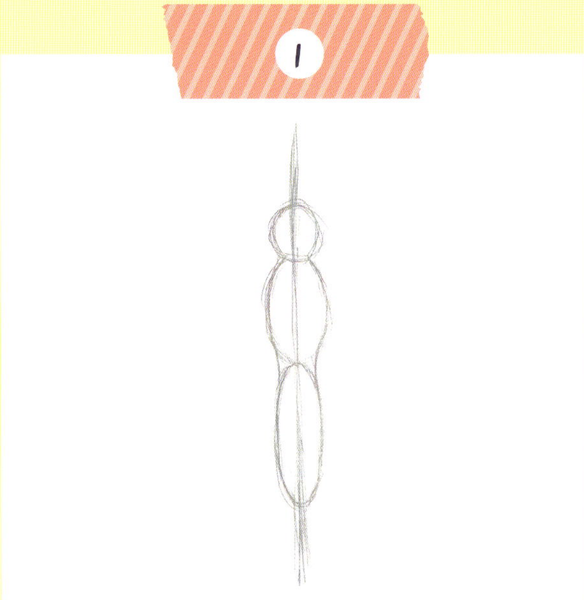

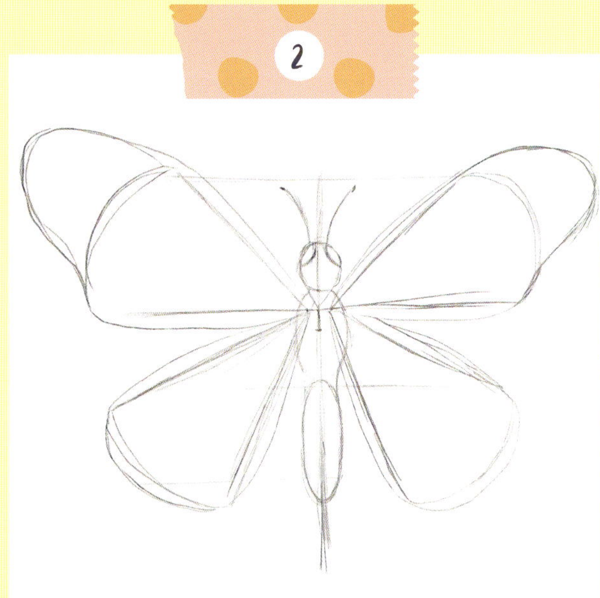

1. Oha. Dieses Mal ist es kein Kreis! Wir fangen nämlich mit einer vertikalen Linie an. Auf diese Linie zeichnest du den kleinen Körper des Schmetterlings.

2. Als Nächstes ziehst du vier Linien in Form von zwei Dreiecken vom Körper weg. Diese Linien helfen uns dabei die Flügel zu zeichnen. An die oberen Flügel kommen jetzt zwei geschwungene Bögen. Jeweils einen pro Seite. Der nächste Schritt wäre jetzt, das Muster der Flügel schon mal einzuzeichnen. Die weißen Punkte kannst du vorzeichnen und beim Ausmalen einfach auslassen.

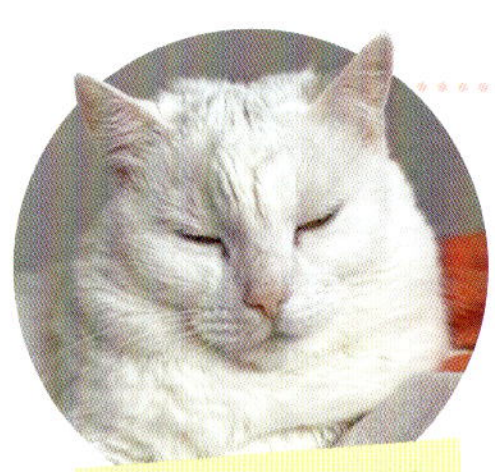

MOLLYS TIPP

Falls die Punkte beim Verblenden dunkel geworden sind, kannst du sie mit einem Radiergummi einfach wieder sauber radieren.

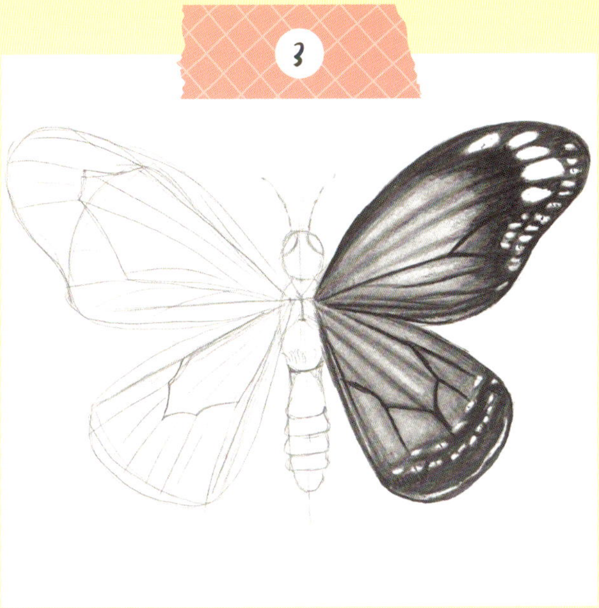

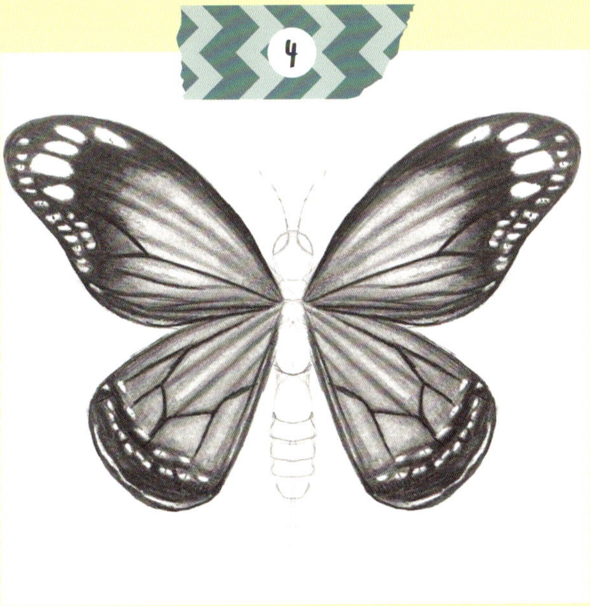

3. Auf dem Bild siehst du links, wie der Flügel vorher aussieht, und rechts, wie er nach dem Ausmalen aussieht. Wie du von links nach rechts kommst, erzähle ich dir jetzt. Schmetterlinge sind filigran und leicht und genau das musst du versuchen umzusetzen! Der Schlüssel dazu sind feine Linien und schöne Übergänge. Die Übergänge machst du so: Wenn deine dunkelste Stelle, also die Spitzen der Flügel, mit einem 6B-Bleistift gemacht sind und die hellste Stelle mit einem 2B, dann nimmst du für die Mitteltöne 3B oder 4B und malst damit auf die beiden Töne.

4. Vergiss nicht, auch den Körper zu verfeinern, indem du den unteren Teil in mehrere kleine Abschnitte unterteilst. Jetzt musst du jeden der kleinen Abschnitte für sich schattieren. Wichtig sind auch die Details am Kopf.

Und fertig ist dein kleiner Schmetterling!

KOI zeichnen

So, mach dir einen grünen Tee und entspann dich, denn jetzt begeben wir uns auf eine kleine Reise nach Japan, denn wir zeichnen einen Koi. Karpfen. Fischi.

WAS DU HIERFÜR BRAUCHST:

- Bleistift (B)
- Radiergummi

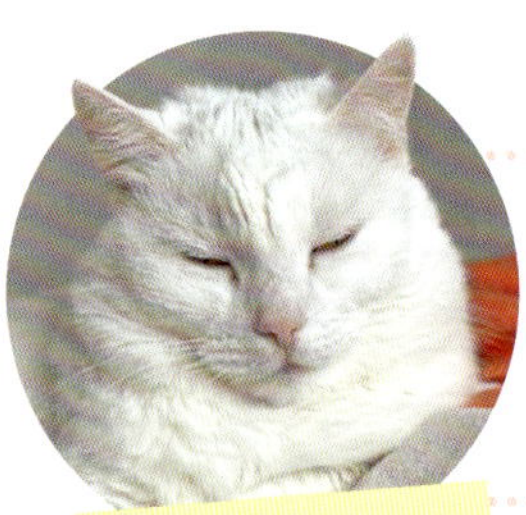

MOLLYS TIPP

Eine Körperlinie hilft dir dabei den Schwung des Körpers besser zu treffen!

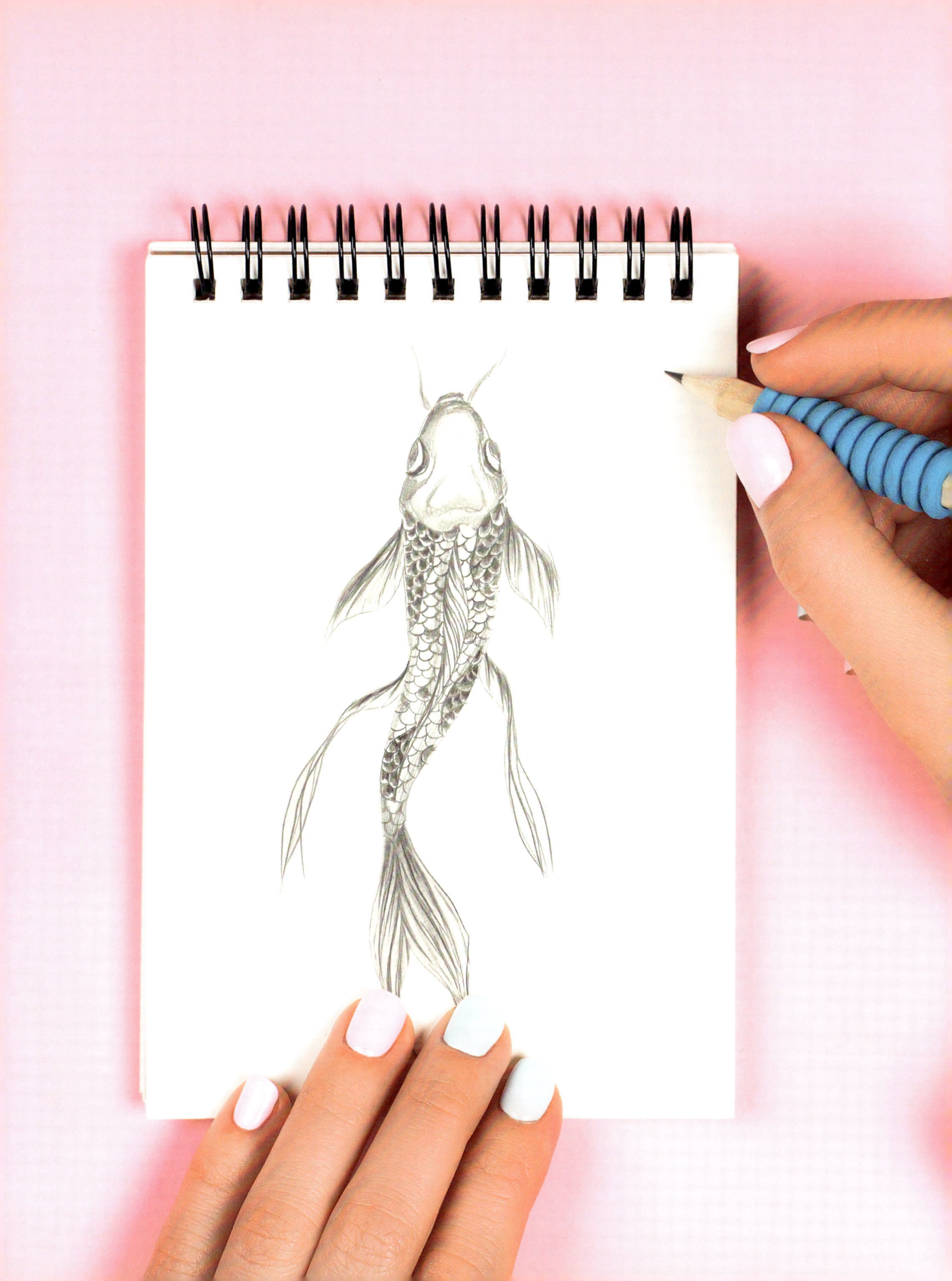

KOI ZEICHNEN

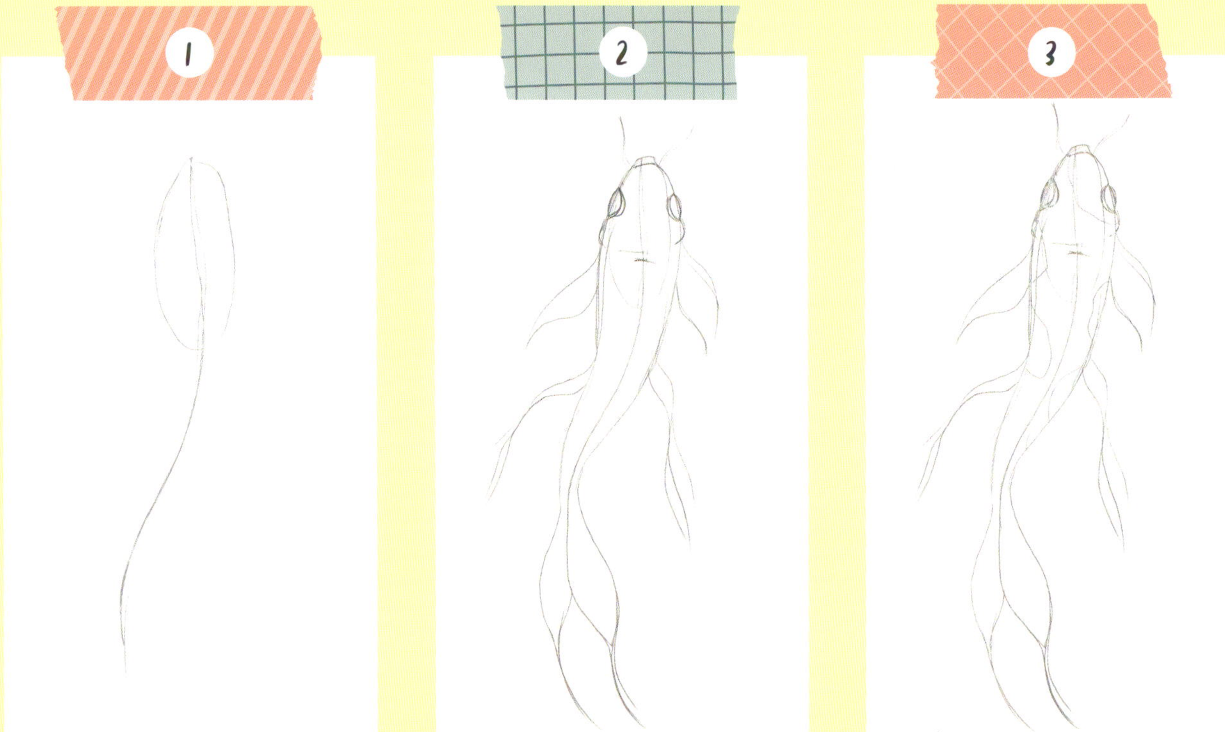

1. Als Erstes zeichnest du eine Ellipse, das wird der Kopf, und einen geschwungenen Bogen. Dies ist die Körperlinie.

2. Um die Körperlinie herum zeichnen wir jetzt, ja genau richtig, den Körper! Links und rechts zeichnest du jeweils zwei Flossen. Auf die Körperlinie kannst du die Rückenflosse zeichnen. Vergiss die Schwanzflosse nicht!

Am Kopf des Fisches befinden sich zwei Barteln (ich musste auch googeln wie diese „Zotteln" heißen), die wir auch einzeichnen. Seitlich am Kopf sitzen die Augen.

3. Zeichne auch schon mal die charakteristischen Flecken ein.

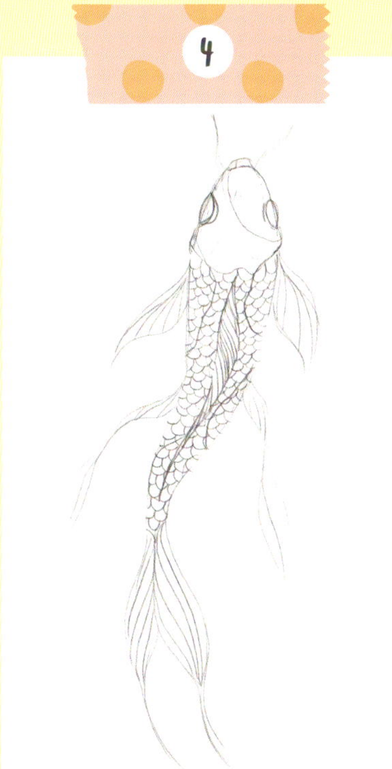

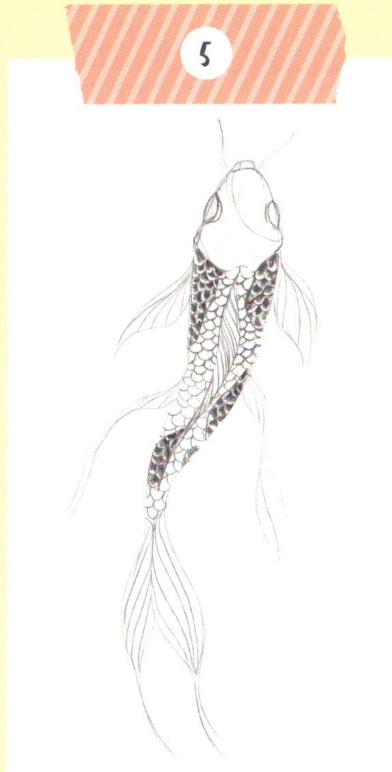

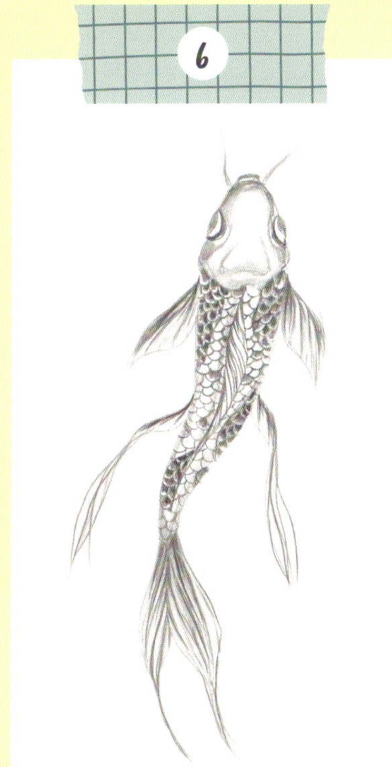

4. Jetzt kommen wir zu den Schuppen. Das erkläre ich dir mal so: Wenn du drei Schuppen zeichnest, dann zeichne zwei nebeneinander und eines mittig auf beide drauf. Ich hoffe, das war jetzt verständlich. Sonst guck dir einfach das Bild an 😁.

5. An den Stellen, wo wir die Flecken eingezeichnet haben, zeichne ich die Schuppen dunkler. Dabei lasse ich den unteren Rand weiß und an den Stellen, wo sich die Schuppen überlappen, zeichne ich Schatten ein.

6. Auch die Flossen wollen schattiert werden. Das geht ganz einfach: du zeichnest die Schatten von innen nach außen, wobei du nach außen hin immer heller wirst.

Den Körper habe ich nur ganz leicht an den Seiten und neben der Rückenflosse schattiert. Beim Kopf genau das Gleiche.

Fertig ist dein Fischi!

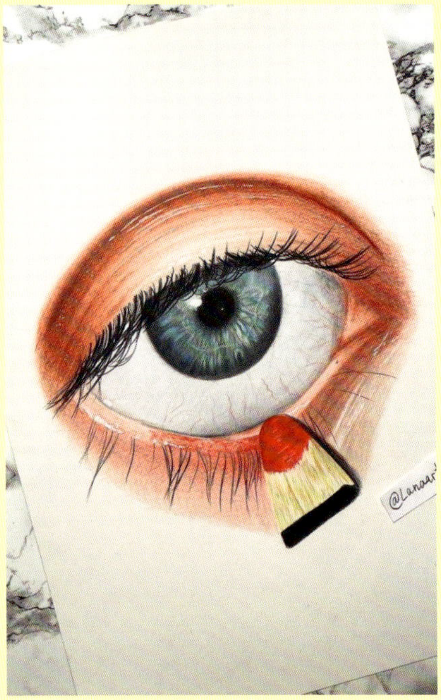
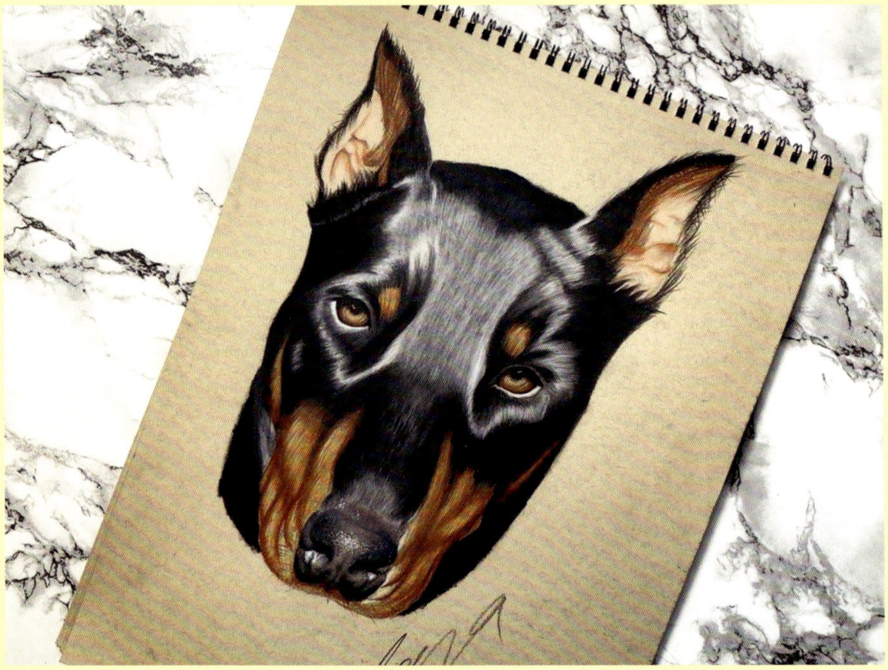
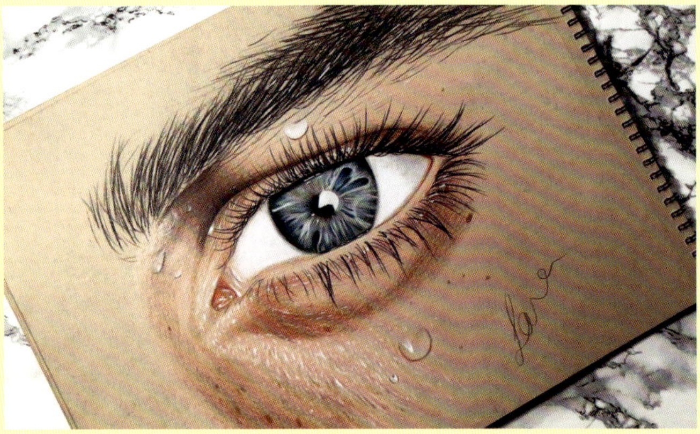
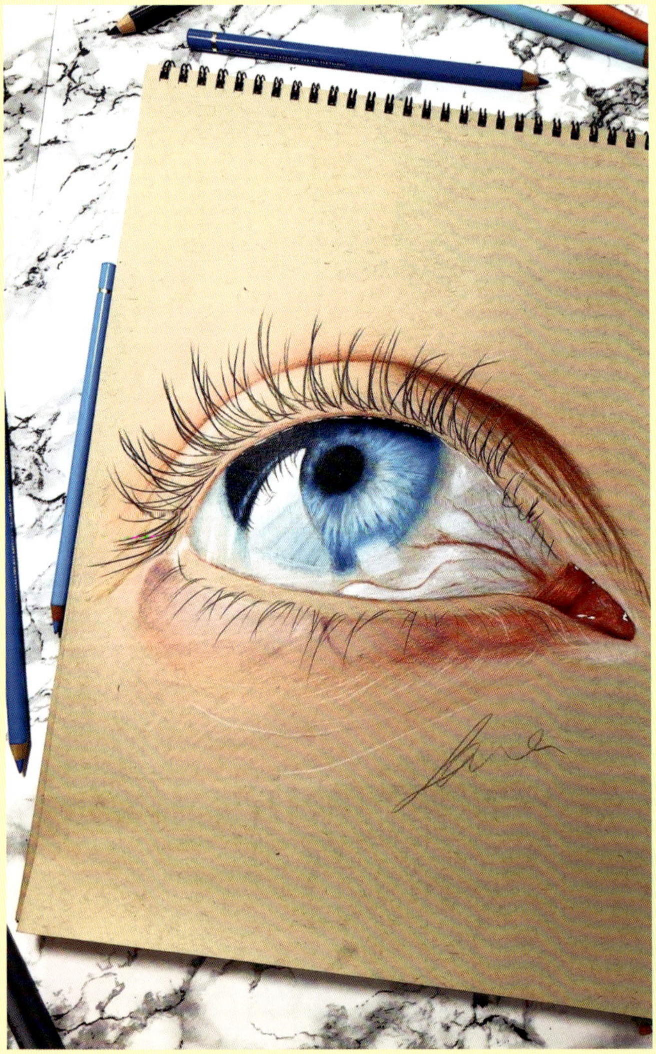
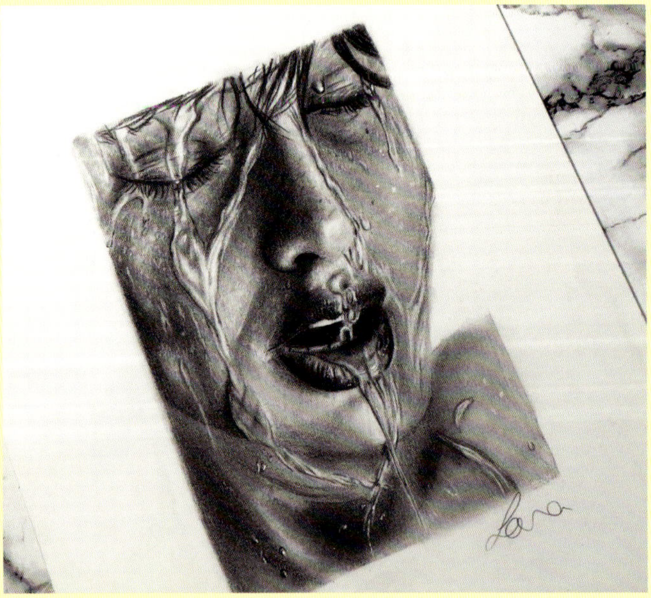

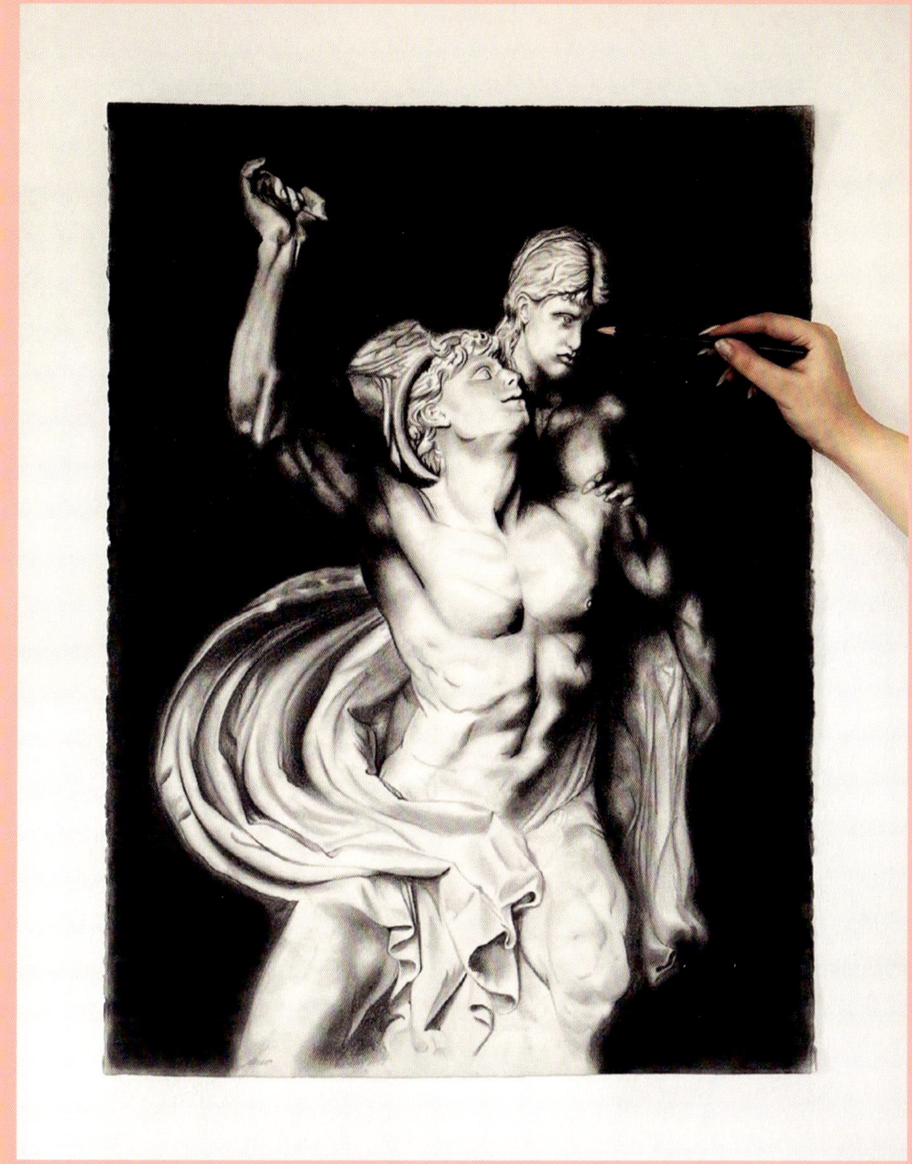
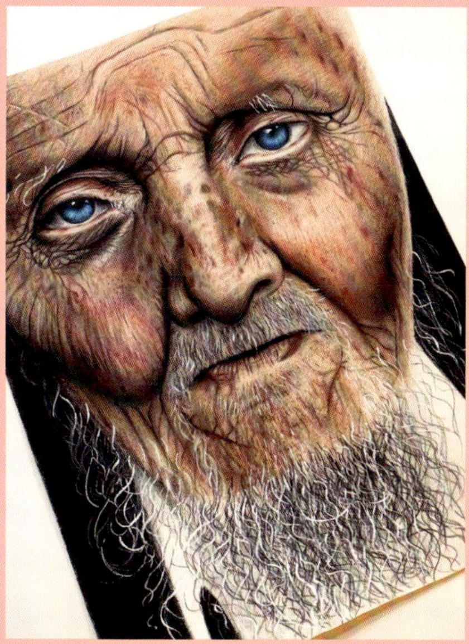
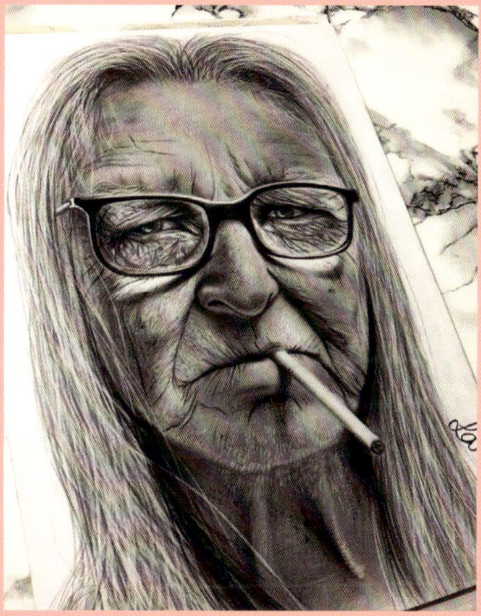
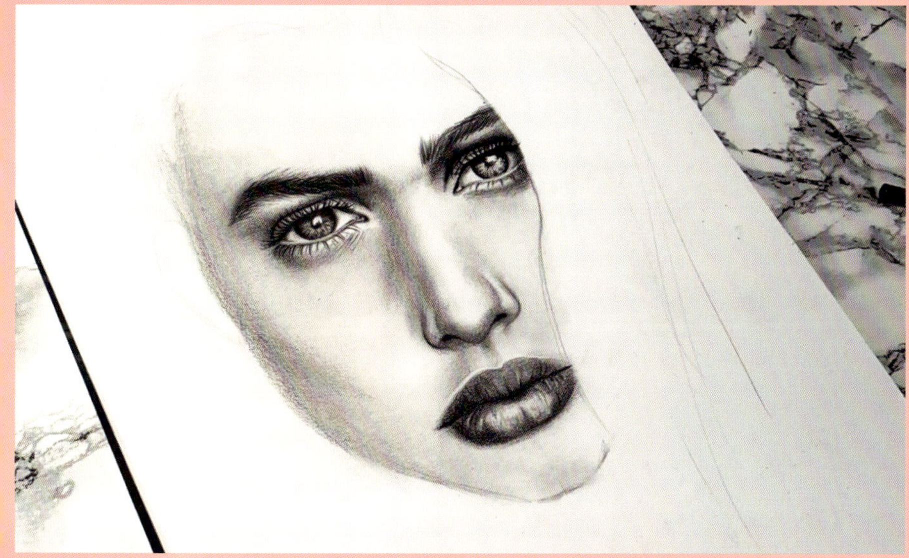
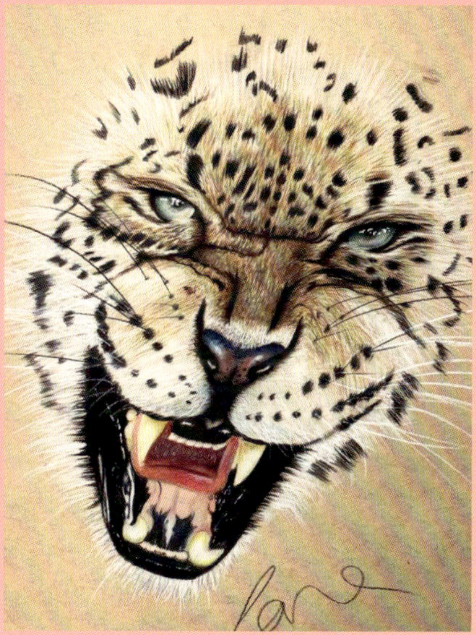

Über die Autorin

„Lanaarts23" (geb. 1993) ist eine Künstlerin und ein Zeichen-Star auf TikTok, YouTube und Instagram. Sie zeichnet vielseitige Motive (Porträts, Tiere, Pflanzen, Gegenstände) in realistischem Stil. Ihre Kunst zeigt sie auf ihren Social Media Kanälen und veröffentlicht zudem regelmäßig Tutorials. Hauptsächlich arbeitet sie mit Bunt- und Bleistiften, die ihren einzigartigen Stil ausmachen.

Danke

Ich danke allen meinen Followern, die es möglich gemacht haben, dass ich dieses Buch schreiben konnte.

Noch mehr Zeichenbücher!

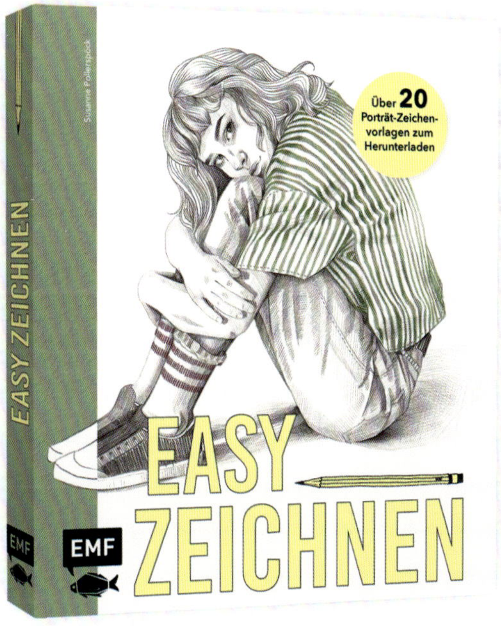

Easy zeichnen – Mit 20 Vorlagen zum perfekten Porträt
978-3-7459-0414-7
20,00 € (DE) / 20,60 € (AT)

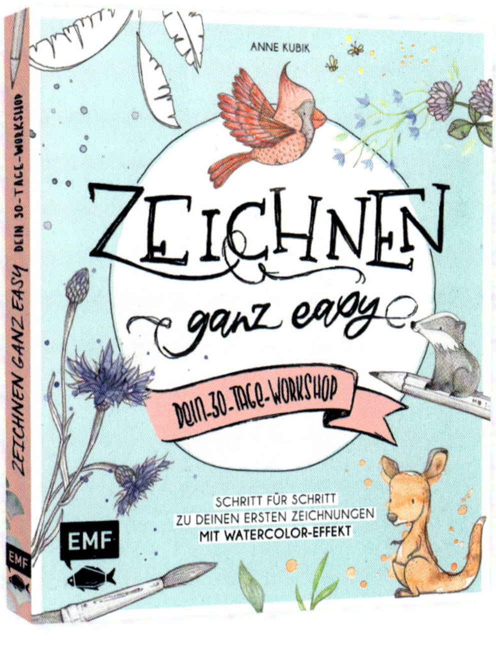

Zeichnen – Ganz easy – Dein 30-Tage-Workshop
978-3-96093-894-1
14,99 € (DE) / 15,50 € (AT)

Impressum

Bibliografische Information der Deutschen Bibliothek.

Die Deutsche Bibliothek verzeichnet diese Publikation in der Deutschen Nationalbibliografie.

Detaillierte bibliografische Daten sind im Internet über http://www.dnb.de/ abrufbar.

EIN BUCH DER EDITION MICHAEL FISCHER

3. Auflage 2021

Covergestaltung: Carolin Mayer

Redaktion und Lektorat: Dr. Franziska Klorer

Layout: Lena Albert

Bilder: Zierbänder/Tapes: © Kseniia Konovalova/shutterstock, S. 8/9 und S. 26/27 © BK666/shutterstock, S. 29 © Floral Deco/shutterstock, S. 33 © Yavdat/shutterstock, S. 37 © Ratatosk_art/shutterstock, S. 41 © Bored Photography/shutterstock, S. 47 © jantima14/shutterstock, S. 53 © Grigoreva Alina/shutterstock, S. 57 © Priew_wr/shutterstock, S. 61 © Rorygez Fresh/shutterstock, S. 75 © Ratatosk_art/shutterstock, S. 79 © Davdeka/shutterstock, S. 85 © Ksenia Izergina/shutterstock, S. 89 © Grigoreva Alina/shutterstock, S. 93 © Olya Detry/shutterstock, S. 97 © jajam_e/shutterstock, S. 101 © Ksenia Izergina/shutterstock, S. 105 © Yavdat/shutterstock, S. 109 © Davdeka/shutterstock, S. 113 © Efetova Anna/shutterstock, S. 117 © kholywood/shutterstock, S. 121 © Floral Deco/shutterstock

ISBN 978-3-7459-0673-8

Gedruckt bei Polygraf Print, Čapajevova 44, 08001 Prešov, Slowakei

www.emf-verlag.de

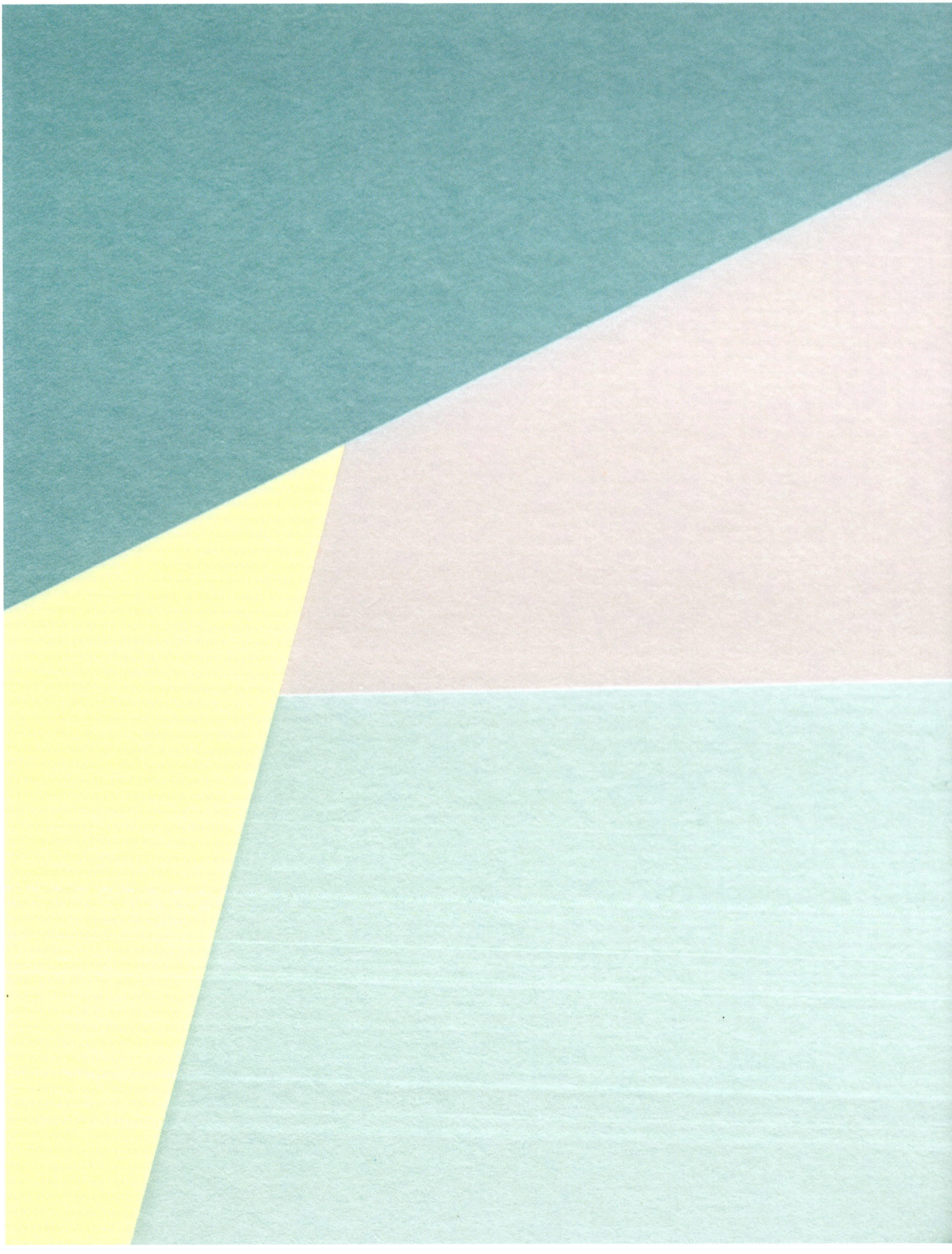